别让身边的朋友害了你

谢志强　编著

中国出版集团　现代出版社

图书在版编目（CIP）数据

别让身边的朋友害了你 / 谢志强编著 . -- 北京：
现代出版社，2019.1

ISBN 978-7-5143-7243-4

Ⅰ.①别… Ⅱ.①谢… Ⅲ.①人际关系学—通俗读物
Ⅳ.① C912.11-49

中国版本图书馆 CIP 数据核字（2018）第 159745 号

别让身边的朋友害了你

作　　者	谢志强	
责任编辑	杨学庆	
出版发行	现代出版社	
通讯地址	北京市安定门外安华里 504 号	
邮政编码	100011	
电　　话	010-64267325　64245264（传真）	
网　　址	www.1980xd.com	
电子邮箱	xiandai@vip.sina.com	
印　　刷	三河市燕春印务有限公司	
开　　本	880mm×1230mm　1/32	
印　　张	10	
版　　次	2019 年 1 月第 1 版　2019 年 1 月第 1 次印刷	
书　　号	ISBN 978-7-5143-7243-4	
定　　价	39.80 元	

前　言

　　在生活中，我们在与别人交往的时候要讲诚信，要信任和理解对方并坦诚相对，当然做人也要有良好的自我保护意识，懂得防备外来的伤害。我们要时时防备一些不良朋友，如果轻易信任别人，并把他们当成可以推心置腹的人来对待，那么你可能会因此而受到伤害，或被欺骗和利用。

　　法国作家莫里哀说过："这个世界上，你可以缺少情人，但朋友始终是不可或缺的。"在莫里哀看来，朋友是生活中的催化剂和调色板，有了朋友，我们的生活才会多姿多彩；有了朋友，我们才不至于显得太过孤单；有了朋友，我们才有更大的勇气去面对生活，才能把握更多的快乐和幸福。

　　可以说，朋友是我们构建生活的基础之一，作家梁实秋在他的《谈友谊》一文中说道："所谓友谊即人与人之间的一种良好的关系，其中包括了解、欣赏、信任、容忍、牺牲……诸多美德。如果以友谊作基础，则其他的各种关系如父子、夫妇、兄弟之类均可圆满地建立起来。"由此可见友谊在日常生活中的重要性。

　　在我们的印象中，朋友都是能够帮助我们、支持我们的人，都是一些给予我们正能量的人，可现实并非总是如此，在朋友当中，也会有一些"灰色的身影"。他们不仅不会帮助你，还可能在暗地里陷害你；他们也许看起来慈眉善目，对你保持微笑，但是很可能笑里藏刀。

我们常说："离你最近的人，往往对你的危害最大；你最信任的人，往往伤害你最深。"这其实是生活中一个非常常见的现象，有时候你的朋友会利用这种亲密关系给你制造麻烦，也会利用这份友情来打击和伤害你。朋友之中也有害群之马，也有口是心非之人，也有麻烦制造者，也有叛徒，甚至有自私自利之人，面对这些"坏"朋友，我们需要及时予以防备和反击，需要尽可能地保持谨慎和理性的态度，需要远离那些所谓的"朋友"，以免受到伤害。

本书从现实的角度出发，对各种各样的"损友"、问题朋友进行揭示，对那些问题友情的虚伪性加以披露，这对我们结交朋友有重要的指导意义和参考价值，也能够有效督促和警示我们注意交友的方式，注意去辨别真假朋友。这样就可以帮助我们有效地避免落入不良朋友的陷阱，可以帮助我们以更加成熟的心态来面对朋友。

目　录

Chapter 1

第一章

你真心实意时，朋友为什么
偏偏来伤你

最亲近的人最容易受伤害，你无处可逃

在日常生活中，我们会发现一件事，那就是我们受到伤害后，常常会发现这些伤害恰恰来自身边的人，来自我们最信任的那些朋友。有个美国作家曾经写过一篇文章，叫《不可不知的生活秘密》。在文章中，他揭露了生活中那些让人感到难堪的内幕，其中一条就是"亲人和朋友的伤害"，他说这个世界上对你危害最大的人其实就是身边的人，最爱你的人最终可能会成为最恨你的人。

心理学家认为朋友之间的伤害通常是不可避免的，这就像刺猬一样，无论刺猬之间的感情有多好，一旦它们试图靠得更近，就可能会有意无意地伤害到对方。因此，在很多时候，相互伤害是注定的。比如说，朋友之间因为彼此信任和熟悉，说话的时候常常会口无遮拦，有什么就说什么，而正是这种过分的自信和过低的警惕，才会导致说错话，才会在不经意中对别人造成伤害。

在一份最新犯罪研究报告中，有一组研究数据绝对让人感到恐惧：17%的凶杀案发生在朋友兄弟之间，21%的指控源于最信任的人。而在那些反贪腐的案子中，大约有67%的犯罪者都是被身边的人供出来的，其中那些称兄道弟的朋友占了绝大多数。而随着社会的进步和经济的发展，朋友几乎慢慢成为我们身边的"危险分子"。

我们之所以总是被身边的人算计，总是被身边的朋友攻击和伤害，原因就在于联系得太过紧密，你的一切他都知晓，他对你知根知底，所以才会抓住你的把柄。也许现在你们可以相安无事，可以称兄道弟，可以相互帮助和扶持，但是说不定哪天，他就会背叛你，就会将你当成交换利益的工具。

科研学者会发现自己的朋友往往会盗用自己的研究成果；职场中的人也会发现同事和朋友往往要抢走自己的功劳；恋爱中的人会发现自己最爱的人竟然会被最好的朋友抢走。这就是因为朋友对我们的一切太熟悉了，对我们的生活了如指掌。在关系好的时候，这是一种增进感情的因素；在关系不好的时候，往往会成为一种潜在的威胁，因为朋友总能够找到你的弱点，并大肆攻击。

罗杰斯是华尔街的风云人物，他甚至被认为是世界上最富远见的国际投资家。

另一个金融大鳄索罗斯发现了罗杰斯的投资天赋，于是和他一起创立了量子基金。在罗杰斯的指引下，基金连续十年的平均收益超过了50%，创造了不可复制的奇迹，这也让两个人赚得盆满钵满。可是，正当两个人在股市上大展拳脚、风光无限的时候，1979年，美国证券交易委员会（SEC）在纽约的美国联邦地方法院起诉了索罗斯，指控他操纵股市，有欺诈行为，违反了《联邦证券法》有关的反操纵条款。罗杰斯是一个非常注重名声的人，而且他坚信自己的公司是合法经营的，所以让索罗斯不要承认这样的事情。可是就在出庭之前，索罗斯却在没有告知罗杰斯的情况下签订了《同意判决书》，这意味着索罗斯接受了指控，并且同意赔款。罗杰斯得知后非常失望，他意识到索罗斯只是在利用自己而已，于是打算离开量子基金。

几个月之后，索罗斯在伦敦花大价钱找了一家公司，利用虚假账户"帮"罗杰斯申购了英国公债。而罗杰斯对此完全不知情，他明白英国政府发行的公债对每一个申购账户都有极为严苛的限制，而像这种弄虚作假的事情只会败坏自己的名誉和人格。罗杰斯算是彻底看穿了朋友的真面目，认为继续和索罗斯合作只会让自己遭受更大的伤害。最后，两个人大吵一架，罗杰斯离开了量子基金。

尽管我们一直在说人生需要朋友，在赞美朋友对于我们的帮助，但是由于经常在一起，由于彼此知根知底，很多时候，这种关系会成为我们的噩梦。我们应该记住一句话，伤你最深的人，往往是离你最近的人。一方面，离你最近的人最好下手；另一方面，离你最近的人最容易获得你的信任。

法国作家雨果曾经说过："要么是最好的朋友，要么就是最可怕的敌人。"所以你还是需要小心防备，即便是那些最好的朋友，你也要懂得保持距离，也要懂得守住自己的秘密，不能放下应有的戒备之心。因为一旦你和盘托出，那么你身上所有的缺点都会聚焦在朋友的眼睛里，等到出现了分歧和矛盾，你就会失去所有的保护。

一时的分歧，会成为让你受伤的导火线

在和朋友交流沟通的时候，难免会发生一些矛盾冲突，毕竟每个人的思维方式、生活习惯、生活背景、价值观念、文化程度都会存在一定的差异。这种差异可能会引发矛盾和冲突，有人说朋友之间的战争要么是水一样的平静，要么就如同火一样的炽烈，这句话非常形象地描述了朋友之间可能出现的纷争。在出现分歧的时候，有的朋友会采取比较柔和的方式进行沟通，因此彼此之间并不会发生什么不快，而是在平静中达成共识。不过朋友间也可能会发生激烈的争吵，双方会因为观点不一致而争得面红耳赤，甚至直接大打出手。

我们不能指望每次都可以和平解决问题，毕竟一些大的分歧很可能会引发严重的冲突，只不过多数时候我们可能并未意识到这一点，你觉得那些只是小问题，可是分歧往往会让你们走向对抗，它会成为你受伤的导火线。实际上很多朋友可能会比较自私，他们渴望得到别人的理解，希望自己的观点能够被别人接受，而当你提出不同的看法时，可能会让他感觉自己受到了轻视和侮辱，从而招致对方的反感和敌视。此外，朋友之间往往比较随意，双方的对话容易直来直去，说话的时候不免会加重语气，这样可能会加深矛盾和分歧。

北宋时期，有个叫赵玉成的文人非常喜欢品鉴古董，而他的朋友不是一些收藏古董的有钱人，就是有闲情逸致的文人墨客。几个人经常在一起研究古董，分享彼此的收藏，关系自然处得很不错。不过在这些收藏者当中，赵玉成自认算得上博古通今，对于古董的研究更是比其他人要高出一个层次，据说只要他看上一眼，就能够知道古董的年份、价值以及出土时间。

有一次，他听说隔壁的一个大商人弄到了一件西周时期的青铜器，于是就和朋友一起去鉴赏。可是看到宝贝之后，赵玉成却隐约感觉到这根本不是西周的文物，朋友也认为这是后世仿制的一个青铜器。不过两人在具体的时间推算上出现了分歧，赵玉成认为这件青铜器虽然不是西周的，但应该是东汉时期的工匠仿制的，实际上仍然非常有价值；而赵玉成的朋友则认为这个东西根本就是一个赝品，历史至多不超过五十年，至于那青铜锈也是那些造假者故意弄上去蒙人的。

赵玉成凭借自己多年的收藏经验据理力争，他觉得自己的眼光从来不会出错，而朋友则认为自己不久前也见过类似的青铜器，后来被证明是人为造假的。两个人为此争执不下，这让赵玉成觉得很没有面子，他觉得方圆百里之内的人应该都知道他的名声，都知道他在古董这一行业中的地位，而且他很少看走眼，像此类青铜器，他更是研究得很透彻。所以他觉得自己说的一定是正确的，而朋友却知之甚少，只不过是进行一个最简单的推理而已，这样做简直就是儿戏。

朋友原本并不想和赵玉成有太过激烈的争吵，他虽然不像赵玉成那样通晓古董，但也是据实而说，并没有什么不妥之处。可是随着赵玉成的火气越来越大，他忍不住回击了几句，这样一来，两个人的矛盾冲突越来越大。到了后来，双方从口角之争，发展成大打出手，赵玉成甚至还打伤了朋友的眼睛。

朋友受伤后，非常伤心，于是将赵玉成告到了县衙之中，状告赵玉成殴打他人，并且还举报赵玉成，说他曾经非法骗取他人的古董。结果事情越闹越大，赵玉成和朋友相互拆台，捅出了很多不为人知的秘密，最后赵玉成和朋友被各打三十大板。而经过这件事之后，两个人就此绝交，再也没有联系过。

其实，因为分歧而彼此造成伤害的朋友有很多，有些人甚至因此而绝交，这应该是一个比较常见的现象。而为了缓和冲突，防止自己受到伤害，我们就要懂得主动去化解分歧，化解的方法可以归结为两点：信任和理解。

朋友之间的那些分歧根本就没有想象中的那么严重，而我们在面对这些分歧时，常常会抱着一种"我是对的，他是错的"的想法，结果由于双方互不让步而不断激化矛盾，最终可能会引火烧身。

对于我们而言，尽量减少分歧，尽量回避可能发生的矛盾非常重要，我们需要将潜在的风险降到最低水平，应该尽量在妥协中达成一种共识。很多时候，我们太过注重朋友之间的那种纯粹的共性，却不知道对于差异性的包容才是友情真正需要的东西，才能够真正构架起坚固的友情防线。当对方和你的意见不一致时，可以认真倾听对方说了些什么，然后再进行交流沟通，实际上这样可以有效减少分歧。如果每个人都可以包容一些，都能够体谅对方的想法，都愿意进行换位思考，站在对方的角度想一想问题，那么冲突就可以尽可能地缓解，矛盾也可以尽可能地减少。

当你发现朋友身上带刺的时候，实际上，也许自己身上也带着刺，为了让彼此靠得更近，为了让彼此不至于互相伤害，我们需要拔掉这些刺，如此一来，相互之间才能够真正地融洽相处，才能够在分歧中继续携手并进。这个世界上没有两个从来不争吵的朋友，也没有两个从来都和和气气的朋友，有问题、有矛盾都是正常现象，关键是要懂得克制自己的情绪，要懂得包容对方，这样才能尽可能地消除彼此之间的分歧与隔阂。

朋友的忌妒心越重，你就越容易成为受害人

有个人有幸遇见了上帝，上帝许诺满足他一个愿望，而且在满足这个愿望的时候，他的朋友同时可以得到双份的报酬。这个人听了有些为难：如果我得到一份田产，那么朋友就会得到两份；如果我要一箱金子，那么我的朋友就会得到两箱金子；如果我想要一个绝色美女，那么就意味着我那个打了一辈子光棍的朋友一下子会有两个绝世美女相伴。这个人越想越生气，他实在不甘心就这样被朋友占便宜，不甘心朋友过得比自己好，于是他狠一狠心对上帝说："您还是挖掉我一只眼珠吧！"因为这样一来，朋友也会因此而失去双眼。

不得不说，忌妒心真的很可怕，嫉妒的人容易心理扭曲，被嫉妒的人则注定了要受到伤害，而这种伤害很可能就来自你的朋友。对于朋友而言，由于经常在一起，很容易出现相互比较、相互竞争的情形。正因为如此，他们常常会在暗地里做手脚，会对你的生活和工作造成破坏。当你想要找一份好工作时，他会站出来告诉你千万别去参与这样的工作，会告诉你这份工作并不是轻易能做好的，或者这份工作可能根本没有任何前途；当你快要接近成功的时候，他就会跳出来进行破坏；当你想要结交一个美丽大方的女朋友时，他会以朋友的身份在你耳边说她的坏话，会不时提醒你"这样

的女孩不适合你"。

有人说世界上最危险的事就是遭人嫉妒,而世界上最最危险的事情就是被身边的朋友嫉妒,因为最亲近你的人往往是最难以防备的,你不知道他何时会向你下手,你甚至从来不会刻意去防备他。所以对于那些忌妒心很强的朋友,你应该小心防范,以免被他们陷害。

对于那些忌妒心很强的人来说,他们永远都会是一颗定时炸弹,往往会做出一些损人利己甚至是损人不利己的事情,因为对他们来说,让你从成功的舞台上摔下来,就是最终的目的,他们绝对不会让你好过。德国作家歌德说:"憎恨是积极的不快,妒忌是消极的不快。所以嫉妒很容易转化成为憎恨,那就不足为怪了。"一旦嫉妒转化为憎恨,朋友就不再是朋友,而是敌人了。

在中国历史上,最出名的因为嫉妒而产生仇恨的人莫过于那位庞涓大将军,原先他和师兄孙膑一起师从鬼谷子,可是因为他追求世间名利,所以提前下山,并且很快在魏国当上了大将军,可以说是功成名就。可是就在这个时候,他得知自己的师兄将要下山,更要命的是魏王也听说过孙膑的大名,魏王认为庞涓已经如此厉害,那么他的师兄也不会差到哪里去。

没过多久,魏王就亲自派人将孙膑请来,而且许以高官厚禄。这让庞涓心里很不舒服,他从小就嫉妒孙膑的悟性比自己高,不过当时是在师父身边学习,所以他压制住了自己的不满,仍旧把孙膑当成很好的朋友来对待。可是现在情况完全不同了,孙膑可能会危及自己在魏王心中的地位,会危及自己的前程。所以这份忌妒心很快转化为仇恨，结果这位一直被孙膑所敬重的好兄弟、好朋友，竟然暗中耍阴谋，致使他下了大狱。不仅如此，庞涓还对孙膑施以膑刑，挖掉了他膝盖上的髌骨，使孙膑终生残疾。

尽管孙膑后来在牢里装疯卖傻，逃过了一劫，可是这一生却只能坐在轮椅上了。此时，相信他对于心存嫉妒的朋友一定是敬而远之，也一定产生了很大的心理阴影。

正因为如此，我们一定不能对那些心态不好、喜欢嫉妒别人的朋友放松警惕，因为在他们笑容满面的背后，也许是一颗严重失衡和变形的心，而一旦他们决定向你发动攻击，你的处境可能会非常不利。所以当你还在抱怨朋友总是伤害自己时，应该及早去发现和疏远那些喜欢嫉妒别人的人。当然，还有很重要的一点，那就是不要过多地在朋友面前炫耀自己的功绩，不要有事没事拿自己的成功说事，要保持低调，这样可以最大限度地消除朋友内心的失衡。

否定带来存在感，你的存在对他来说可能无关紧要

著名作家梭罗小时候交过一个朋友，可是对方总是想办法贬低和否定他，只要梭罗一开口说话，对方必定会提出很多反对的理由。这让梭罗感到不可理解，因为好朋友不是应该相互理解、相互支持的吗？怎么会有朋友动不动就把别人否定得一无是处？长大之后，梭罗了解了一些心理学的知识，渐渐明白原来那个孩子具有强烈的自卑感，对他而言，否定别人能带来最大的快乐，因为通过这样的否定可以给自己带来更多的存在感，而"朋友"这样的字眼，在那个孩子看来是根本没有任何意义的，唯一的好处就是方便自己进行挖苦和否定。

很多时候，我们可能会遭遇和梭罗一样的苦恼，无论是公共场合还是私底下，总有一些朋友会毫不客气地否定我们，让人感到非常尴尬。当然，当你遇到这样的朋友时，应该明确一点，那就是这样的朋友完全没有结交的必要，因为对方可能压根没有把你当成朋友来对待，他只是将你当成一个受气包，一个可以打击的对象。这种朋友往往非常自卑，而且为了掩饰这一点，他需要不断地否定和打击你，需要不断抹杀你的价值，似乎只有这样他才能凸显出自己的价值和地位。

在很久以前，有人就发现了这种非常奇特的心理学现象，著名

的心理学家弗莱曾经做过一项调查，发现大约有 23% 的人都具有否定朋友的倾向，而其中的 5% 则显得比较严重。这些人通常都有一个共同点，那就是自卑，平时得不到或者害怕得不到别人的认可，所以才会将自己的朋友当成一个发泄的对象，通过贬低朋友向别人传达一种意思："我比身边的人都要好一些，强一些。"

弗莱将这种心理现象称为"华生效应"，一些自卑的人总想成为福尔摩斯，而成为福尔摩斯的前提，就是替自己找一个华生。所以他们总是迫切地想要寻找一个比自己弱的人，而且也会有意无意地让自己的朋友更加弱一些，这样他们才有机会受到更多人的关注和认可。

"华生效应"往往会破坏友情，毫不客气地说，那些经常否定朋友的人，通常不会真正地在乎朋友，也不会有真挚的友情。在他们看来，朋友只是一个工具，一个用来称量自己的工具，一个用来点缀自己、包装自己的工具，他们可以随时否定朋友，可以随时抹杀朋友的价值，你跟在他们身边，只会变得一无是处。

周雪和玉敏是大学同学，两个人的学习成绩都很不错，不过家庭条件却大相径庭。周雪的老家在农村，家里的生活条件非常艰苦，她所有的学费都是从亲戚朋友那儿借来的，而且还要依靠助学贷款和奖学金才能维持学业。而玉敏则是城里人，父母都是公司的高层，家庭富裕，自己从小就是名牌加身。

周雪了解玉敏的脾气，知道对方向来喜欢显摆，总是有意无意地想要在别人面前炫富，为此有很多人都不太愿意和玉敏成为朋友。但是周雪觉得这根本没什么，况且玉敏还非常照顾自己，总是将一些好吃的给自己吃，还将一些穿过的衣服留给自己。这让出身贫寒的她很感动，所以她是真心与玉敏交好的，也愿意成为她的朋友，甚至是唯一的朋友。

到了大三的时候，玉敏开始经常有意无意地带周雪出去参加聚会，尽管周雪并不愿意去，但是为了玉敏，她还是做了妥协。可是在参加过几次聚会之后，周雪觉得有些不舒服，原因是玉敏常常在别人面前损自己，要么就喜欢拿自己开玩笑。比如吃东西的时候，玉敏会脱口而出："周雪你先吃吧，你们家估计只能吃萝卜干，到了这里，你可以多吃点儿。"而当大家说起首饰、衣服和化妆品，玉敏也毫不在乎周雪的自尊，常常说："你们别说些没用的，周雪可没有用过这些，她们村里的孩子连饭也吃不饱，怎么能用得起这些奢侈品呢？"有时候干脆当着周雪的面说："我送给你的衣服不是挺好看的吗？我家里还有一件，下次带来给你穿。"

这样的话未免太伤人心，这让周雪常常在同学面前抬不起头来。有一次，有个同学好心劝告周雪，说玉敏这个人心眼太坏，她就是因为看中周雪这个人老实，才会常常在别人面前奚落周雪。这个同学还说玉敏不止一次在别人面前说周雪偷偷使用她的化妆品呢。周雪听后终于恍然大悟，明白自己只是玉敏用来炫耀自己的一颗棋子，而那些所谓的朋友和真心全部是假的。想到这儿，周雪果断和对方绝交了，从此两个人不再说一句话。

这种否定人的心理或许是心理策略，往往和电影的拍摄手法相同，有些导演为了衬托主演的美貌和智慧，常常会找一个丑陋、愚蠢的配角；为了衬托主角的能力和勇气，那么配角则可能被设计成为某个"二货"形象。这种形象上的巨大反差的确能够起到一定的反衬效果，但是对于很多配角来说却很不公平。而在朋友圈中，这种主次之分、高大和卑微之分通常会损害友情。如果朋友为了突出自己的形象和地位，总是当众否定你，让你出洋相，或者刻意打击你，那么你实在没有必要将这段友情继续下去。

在面对这样的朋友时，你会发现自己常常处于被动的地位，只会被对方不断剥削和利用，而等到你被贬得一无是处时，等到他成功达到了证明自己的目的时，你的利用价值就被消耗殆尽了，最终你只会被无情地抛弃。

真正的朋友应该是相互扶持、相互鼓励的，那些将幸福和快乐建立在朋友的痛苦之上的人，那些用别人的无能来衬托自己能力的人，根本就不值得你用心结交和对待，你应该主动远离这样的人，以免成为被利用、被踩在脚底的垫脚石。

追求强势，你的弱小让他感到颜面无光

我们都了解这样一个简单的道理，在动物世界中，狮子和羊从来不会在同一个群体内生活，因为狮子的强势会轻易地要了羊的性命，可以说狮子和羊的搭配是一种失衡的生活方式，对于二者来说，都可能带来一些麻烦。

都说"物以类聚，人以群分"，每一个群体的形成几乎都遵循这样的规律，比如那些强势的人通常和强势的人在一起，那些优秀的人则会选择和优秀的人聚在一起，而那些积贫积弱、处于底层的人通常会和能力平平、实力弱小的人待在一起。这样的搭配方式往往显得比较合理，因为这样才能维持好群体内部的平衡，才能保证群体成员都相安无事。

很多时候，我们会发现那些比自己社会地位更高、生活条件更好的朋友常常刻意排斥自己，尤其是在一些重要的场合，对方常常有意无意地冷落你，和你保持距离，甚至装作不认识你。其实这种"偏心"和"势利眼"在当今社会非常常见，很显然，这种地位和声望上的落差影响了你们之间的正常交流，你的朋友开始向往更高层次的人群，他渴望和那些更加成功的人交往，而你留在身边只会拖累他，成为阻碍他向上攀登的累赘，或者说你的卑微可能会损害他在高层人士心中的形象。他不想让别人知道自己和你这样一个贫

穷的朋友在一起，不想让别人知道自己有你一个这样没用的朋友，因此他一定会想办法疏远你，甚至毫不留情地将你一脚踹开。

对于这些追求强势的朋友来说，他们需要得到更多更为强势的助手，也需要有更多的强人来衬托自己，而一个弱小的朋友只会让他感到颜面无光，只会让他失去信心。尤其是那些已经功成名就的人，他们为了显示自己的与众不同，非常注意维护自己的形象和身份，当你这样的穷朋友出现在他们身边时，他们可能会非常在意你是否会打破他生活的平静。

事实上，你能够明显感觉到社会地位的差距所带来的那种隔阂，对方曾经或许非常乐意和你在一起，可是现在他不会让你去他家，不会请你去高档酒店吃饭，不会带你去会见他的朋友，更不会领你去参加什么高级宴会。他渴望不断向上攀登，渴望成为更高社会阶层的人，而你显然已经不适合出现在他的交际圈内了，你的出现只会让他的身份和形象受到影响。将你这种不入流的朋友赶走，那是迟早的事。

朱元璋曾经有过很多好兄弟，他们都是朱元璋从小玩到大的朋友，而且几个人的关系一直非常好，毕竟这些人都是穷苦人家出身，都在生活中相互扶持。可是当朱元璋努力追求权力的时候，这些朋友却一个个被他遗忘和抛弃，原因就在于这些人对他来说不再有任何利用的价值。

尤其是当朱元璋成为皇帝之后，很多曾经的朋友前来投奔他，虽然他表面上和和气气的，内心却并不想接待这些朋友，因为这些人的出现意味着他的老底将被揭露。过去的帝王非常看重血统，因此朱元璋总是想尽办法抬高身份，尽量忽略和抹杀自己并不光彩的过去。对朱元璋来说，过去那些农民朋友、乞丐兄弟是他人生中的污点，他是绝对不允许别人知道自己也当过农民、乞丐、和尚的，所以朱元璋总是要拒绝那些穷苦朋友。

有些朋友为了和朱元璋拉关系、套近乎，还和别人讲起当年与"朱重八"（朱元璋以前的名字）一起放羊放牛的事情，说起自己和朱元璋一起偷豆子的经历。而这些不堪的经历对于朱元璋来说就像是抹不掉的黑色印记，他没有办法容忍自己过去的污点被人反反复复搬出来细说。所以朱元璋怒斥那些人胡说八道，并且装作不认识对方，最后还杀了他们。其实这一切就是因为他已经不需要那些弱势的朋友了，那些弱小的人只会成为他的累赘。

当然，朱元璋同时提拔了徐达，他也是朱元璋曾经的好朋友，只不过徐达和那些农民朋友不同，他的军事能力出众，战斗素养很高，是一个不可多得的人才，和这样的人在一起，朱元璋并不担心自己会折了面子，担心别人看不起自己。由此可见，朱元璋是有选择性地对待朋友的，谁的能力越强，谁就越能够体现出他的能力和地位，相反，那些没有地位和价值的朋友只会在后面拖他后腿。

美国心理学家埃里克认为朋友是具有时效性和阶级性的，而很多人将这种阶级性放大了，这就催生出一些尊卑思想。尽管这是一种不健康的交际观念，但不可否认的是多数人可能都会存在这样的想法，也就是说随着个人的发展，我们在前进的道路上也会不断更换朋友，不断提升朋友的"质量"。至于那些弱小的伙伴，则会在发展的道路上慢慢被淘汰掉。

　　正因为如此，有时候，你不能太过天真，如果你的朋友妄图攀高枝，妄图变得越来越成功，那么你要做好被对方淘汰的准备，尤其是当对方出现那种嫌弃你的表情时，你要识趣地离开，不要等到关系弄僵后才被迫离开，那样只会让你更加难堪。毕竟像毕加索那样在功成名就之后依然愿意和一个地位卑微的理发师相交的情况并不多见，那样珍贵的友情在现代社会更是罕见。毫不客气地说，如果你是一个理发师，而你的朋友妄图成为毕加索，那么你要做的就是努力成为毕加索一样的伟人，如果你做不到，那么只能安然地当那个理发师，然后主动离开，以免受到不必要的伤害。

狂妄自大的人，通常都会拿身边的人开刀

生活中总会遭遇一些自大狂，这些人通常都有一个特点，那就是喜欢说大话，喜欢自吹自擂。由于过分自信，他们常常会认为自己是无所不能的，认为自己比所有人都要强。当然，在体现和宣传自己"强势"的那一面时，他们自然而然会先从身边的人开刀。作为他们的亲人、朋友或者同事，你不得不忍受那种目中无人的性格，忍受那种刚愎自用、骄傲自满的态度，甚至常常受到无礼的嘲讽和指责。

为什么这种人会先从身边的人入手呢？原因在于狂妄的人非常渴望得到他人的认同，所以他会在自己所处的交际圈内尽量表现得很强势，并且迫切地希望成为这个圈子中的核心人物，或者说要让圈子里的所有人意识到他的存在。而亲人和朋友刚好是非常理想的对象，是他展示"肌肉"和强势"表演"的对象。

而对于他们身边的朋友来说，自然会承受巨大的冲击和伤害。因为作为朋友，你很可能会选择隐忍对方的狂妄，会选择一次次地给予对方更多的包容，而这在无形中助长了对方的自大。你甚至没有办法给他们一些必要的忠告，因为对方会觉得自己的事情根本轮不到别人来说三道四，弄不好，你还会遭到对方的责骂和嫉恨。对于这样的朋友，你不用心生幻想，不用过度委曲求全，及时远离才

是好方法，否则只会受到更大的羞辱。

在历史上，有一个比较典型的例子就是西楚霸王项羽。项羽能力出众，在将士的心目中也很有威望，但是为人刚愎自用，过于狂妄自大，以至于常常听不进别人的意见，而且还因为猜忌、误会而导致身边的朋友一个个远离自己。范增就是最明显的例子，作为项羽的"亚父"，他一直以来都忠心耿耿，而且也的确给了项羽很多的帮助，可以说他更多时候扮演的是一个朋友的角色。

在项羽还未成名、还未起势的时候，他一直都很听从范增的指示，基本上范增说什么，项羽就会严格按照要求去做，根本不会有什么怀疑。可是随着项羽的势力日益强大，他的野心、欲望以及自信心都极大地膨胀起来。这个时候他不愿意再听从别人的意见，不愿意再有人对自己的想法说三道四，因为在他看来，自己就是最强的人，自己说的话就是最正确的。

正因如此，项羽和范增之间的关系渐渐变得疏远了，虽然他依然恭恭敬敬地称范增为"亚父"，可是这种关系已经仅限于一种亲情了。最著名的一个例子发生在鸿门宴上，当时范增极力劝说项羽杀掉刘邦，结果项羽优柔寡断，过分自负，放走了刘邦，而之后的事实证明了项羽的确是放虎归山。

鸿门宴后，范增非常生气地说了一句："竖子不足与谋。"他由此还感慨夺取项羽天下的人一定就是沛公刘邦无疑了，后来这句话也一语成谶。鸿门宴后项羽仍旧我行我素，而刘邦和陈平很快用离间计成功离间了项羽和范增。范增感到绝望，于是主动请辞回家，结果这个堪称项羽最忠实可靠的老朋友无辜地病死在回乡的路途中。

很多历史学家都认为，范增之所以不受重用，原因并不在于陈平的离间计，而是在于项羽的自大，因为在他看来自己根本就用不着别人"指指点点"，也用不着在耳边"唠唠叨叨"。他甚至觉得范增的威信太高，人也太聪明，已经超过了自己，这是他不愿意看到的，所以干脆辞掉了这个朋友，并间接害死了他。

狂妄的人往往比较自负，他们不允许有人在耳边说一些自己不喜欢听的话，绝对不允许别人提出什么反对性的意见，不允许有人的表现超过自己。一旦有人触及这些底线，他一定会表现得很敏感，从而想办法给予严厉的打击。可以说，与狂妄的人交朋友，你常常会有"伴君如伴虎"的危险，因为在对方心里，任何朋友都只是跟班，都只是围绕在自己身边的小角色，都是无足轻重的，在他眼里，只有自己是最重要的，只有自己是最核心的人物。

对于那些狂妄的人，我们要保持理智，即便你将对方当成真心朋友，对方也不会真正将你放在眼里，你甚至很有可能因为尽了朋友的义务而受到对方的伤害。既然如此，我们应该有自知之明，应该主动远离这些朋友，尽量不要插手他们的生活和工作，因为你的好心很可能会被对方误解，从而给自己带来不必要的麻烦。只有尽量远离，并保持沉默，你才能避免被狂妄的"利刃"伤害。

第二章

事做对了赢一次，交对朋友才能赢一世

人生最大的浪费是选择的浪费

　　有只猴子下山后准备到农夫的田里找东西吃，很快它就发现了一片花生地，于是就跑到地里挖花生，然后拿了一大把准备回家。可是没走多远，它就发现旁边的田里有很多桃子，于是它果断地丢掉了花生，又去选择桃子，在摘了一大堆桃子后，它感到很满足。可是往前走了几步后，又有了新的发现，它看到隔壁的田里有很多大西瓜，它觉得只要抱上两个西瓜，那么几天都不用下山找吃的了，于是它很快就丢下桃子，然后跑到田里去挑选西瓜。

　　这个时候天色渐渐暗下来，农夫也返回农田里看管。猴子在慌乱中随便摘了个小西瓜就准备逃跑，可是一不小心把西瓜打烂在地，它只能惋惜地快速离开，忙活了一个下午，最终什么也没捞到。

　　猴子原本可以有一个"大丰收"的，但正是因为在不断地选择中浪费了大量时间，结果错过了机会，反而一无所获。其实，人也如此，常常会陷入各种选择之中，因为左右拿不定主意而浪费了选择的机会，结果什么也得不到。之所以会出现这样的状况，就是因为人性是贪婪的，我们总想得到更好的东西，我们坚信自己能够得到最好的东西，可是选择往往具有一定的时效性，生活也不可能无限制地满足你的欲望，你坚持认为自己应该得到更好的，坚持认为自己可以选择到最好的，那么最终很可能在选择和等待中错失机会。

　　古希腊哲学家苏格拉底是一个非常有学问的人，有一次学生们向他请教一个问题，那就是如何才能选择最合适的伴侣来生活。面对这个问题，苏格拉底没有进行正面回答，而是将学生们叫到麦田里，然后让他们在固定的时间里沿着某个方向，从麦田里找出最饱满的麦穗，而且每个人只能摘一次。

　　学生们很快冲进麦田，第一个学生比较心急，刚进麦田就发现了一支饱满的麦穗，于是想也没想就迅速摘了下来。第二个学生观察了一阵之后，拿不定主意到底该采摘哪一个麦穗，因为他坚定地认为下一个麦穗肯定会更大更饱满，所以一直往前走，也一直在纠结和选择，可是时间很快过去了，那个学生没有办法只好随手采了一个麦穗，结果比第一个人的还要小很多。

　　第三个学生也走进了麦田，他先将要行走的路线分成了三段。第一段路程中，他将见到的麦穗分成了大、中、小三类；在第二段路程中，他继续观察，以验证第一段路程里自己对麦穗划分的三个标准是否正确；而在第三段路程中，他没有多做什么选择，而是直接采摘了一个比较饱满的麦穗。虽然这个麦穗不是整个麦田里最饱满的，但却是三个学生所摘麦穗中最大的一个。

　　这时，苏格拉底对学生们说："我想，你们现在应该知道如何找寻理想的伴侣了。"事实上，苏格拉底认为第一个学生根本就不知道选择，所以等于是浪费了机会。第二个学生则是做了太多的选择，浪费了很多时间和机会，所以不可能成功。只有第三个学生，既把握住了选择的机会，又没有过度流连在选择之中。

　　在现实生活中，往往以第二类学生居多，因为每个人的行为都容易受到自身贪婪本性的支配，所以办事常常犹豫不决，常常希望继续等待，迟迟做不出最合适的选择，以至于错过了最佳的时机。所以做人还是要懂得自我克制，其实生活中，往往只需要做出一次选择即可，我们没有必要在各种诱惑面前流连忘返、左右摇摆不定，你想要得到更多，想要选择更好的东西，反而很容易选到最差的东西。

比如在婚姻和爱情生活中，很多优质男和优质女最终选择了很普通的伴侣，原因就在于他们总是不停地做出选择，总是在各种选择中犹豫不决。事实上，所有人都希望自己能够找到更好的伴侣，可是他们在不断的选择中错过了最佳的伴侣，最终发现自己被剩下来了。这就是一种情感和婚姻的浪费，也是人生机会的浪费，而且这样的机会浪费了，往往很难再来。

据说当年曹操南征东吴的时候，曾经因水土不服而染上怪病，群医束手无策，幸而被一个士兵用土方法医治好了。曹操非常感激，于是准备犒赏对方。他让士兵好好想一想自己需要什么，然后会尽量满足对方。这个士兵既想着升官，又想着发财，还希望曹操能够赏赐自己一个美女，可是机会只有一次，他左思右想也拿不定主意。结果赤壁之战后，曹操心情很坏，自然也忘了这件事，这个士兵因为犹豫不决，最终什么奖赏也没得到。

在心理学上，有一个著名的布里丹毛驴效应：法国哲学家布里丹养了一头非常可爱的小毛驴，他每天都从农夫那里购买新鲜的草料喂养它。可是，有一天当农夫额外奉送一堆草料时，小毛驴的美好生活被打破了。因为当毛驴发现有两堆一模一样的美味草料摆放在眼前时，它无法做出更好的选择，所以长时间在两堆草料之间徘徊，正因为如此，它最终活活饿死在草料面前。

这个效应告诉我们，一定要善于把握机会，而且要有决断精神，不要优柔寡断，不要在各种机会中左右为难。其实我们想要获得成功，也许只需要一次机会，这个机会或许不够完美，但是我们也要在第一时间去把握它，如果长时间犹疑不定，在各种选择中为难自己，那么最终也许真的就一无所获。

自己走百步，不如伯乐扶你走一步

在提到某人的成功时，我们常常会说一句话："他走出了人生中最重要的一步。"这最重要的一步其实很多时候并不是自己走的，而是别人提携的，也就是所谓的伯乐。我们想要获得成功，有时候真的需要找到属于自己的伯乐，尤其是那些怀才不遇的能人，他们也许在很长时间里都郁郁不得志，也许在很长一段时间里都没有办法找到生活的突破口，可是伯乐的出现和指引往往会打开这个缺口，打开平步青云的道路。

我们常说一切都要靠自己，毕竟有实力才是硬道理。这个世界固然需要依靠自己的能力说话，但是金子并不一定就会发光，即便发了光也不一定被人发现和重视。一个人需要能力，同时也需要运气，这个运气很多时候就是找到我们的伯乐。可以说人生往往就是这样，"万事俱备，只欠东风"，只要找到了伯乐，只要有人愿意帮你一把，那么你就能够突破人生的瓶颈和障碍，找寻到新的出路。

提起韩信，往往不能忽视另一个人，那就是萧何，如果说韩信是一匹落魄受困的千里马，那么萧何就是那个帮助他脱离困境的伯乐。事实上，韩信虽然有勇有谋，是不世出的军事奇才，可是他的前半生一直很落魄。虽然他一直都希望自己能够封侯拜将，希望自己能够做出一番大事业，但是却得不到这样的机会，因为没有人重视他的军事才能。

韩信最初跟着项梁反秦，公元前 208 年，项梁战死，韩信便投身项羽的部队。他知道项羽是位了不起的人物，所以一直想要跟随他打天下，为此他还数次献计献策。可惜的是，自大自傲的项羽并没有采纳他的计策，反而让韩信担任炊事兵和守门官，自知前途无望的韩信心灰意冷，便离开项羽，投奔到刘邦的部队。

来到刘邦的部队后，他依然不受重用，还因为触犯了军法而招来杀头之祸，轮到他受刑的时候，他对监斩官夏侯婴说："君上不是想要得到天下吗？为什么还要斩杀壮士？"夏侯婴非常震惊，觉得这是一个不凡之人，于是将他举荐上去，可是刘邦依然没有重用他。那个时候，萧何偶然间和韩信相交，攀谈之后，萧何非常惊讶于韩信的军事才能，认为他是千古的奇才，于是再次举荐，可是刘邦仍旧没有当回事。

看到自己依然不受重用，韩信只好选择离开刘邦再寻明主，那个时候，萧何很担心韩信会离开，于是连夜追赶韩信，然后百般劝说，终于让韩信暂时留了下来。刘邦得知萧何月下追韩信，非常吃惊：那么多人逃离汉军营地，萧何都不去追，为什么偏偏要追韩信？萧何说："其他那些逃走的将士很容易得到，而天底下不会有第二个韩信了。"刘邦如梦初醒，于是效仿古人筑坛拜将，立即封韩信为大将。之后韩信很快向刘邦分析了天下大势，提出了具体的出兵战略，刘邦听后，赞叹不已。自此韩信获得了刘邦的信任，开始平步青云，后来成为中国历史上唯一集将、相、侯、王于一身的军事家。

其实，如果没有萧何的举荐，那么韩信只能继续在跌跌撞撞中埋没天赋，更没有机会出人头地，成为千古名将。因此，可以说正是萧何成就了韩信的一生，尽管他只是帮忙举荐了一下，但是这一步的提携，使韩信的人生发生了剧变。

在这个世界上，有很多才学兼备的能人，有很多怀才不遇的强者，他们具备干大事的实力，可是却缺乏一点好运气，缺乏一个能够指点迷津、指引道路的人，缺乏一个帮忙提携的人。事实上，当你埋着头在人生的道路上胡乱摸索时，很可能毫无收获，到头来只是白费功夫，但是如果能有个伯乐来扶你一把，也许你就会走出人生中最有价值、最具突破性的一步。

在找工作的时候也是一样，与其找一份好的工作，不如找一个知你懂你重视你的好老板，事实上，我们欠缺的就是一个机会，一个被人挖掘和重视的机会，只要有人能够发掘你的能力，那么你也许就能够获得出场的机会，能够在舞台上尽情绽放自己的光芒。

韩愈在《马说》一文中指出："世有伯乐，然后有千里马。千里马常有，而伯乐不常有。"怀才不遇的千里马即便表现得再出色，跑得再快，如果没有伯乐的赏识，最终也会和其他平庸劣等的马一样"骈死于槽枥之间"，失去应有的价值。正因为如此，我们在提高自身能力的时候，一定要懂得把握好人际关系，要懂得为自己寻找一位伯乐，这样我们才能更快地走向成功。

交对人会让你少走很多弯路

喜欢旅游的人往往会为自己寻找一位可靠的向导，就是因为向导能够带我们走正确的路，能够花费最少的时间来寻找目的地，在这里，向导其实就是一个引路的工具。而在人生的道路上，我们最好也要找到这样一个向导，一个合格的引路人，这样我们就能够少走很多弯路岔路。

小时候，我们的父亲母亲就是向导，他们的经验可以指导我们如何去生活。而到了学校里，老师又成为人生的向导，他们可以传授很多知识，可以教给我们很多做人的道理，可以解决人生的很多疑惑，正因为这样，我们的成长才会加速，我们对于人生、对于社会才有一个更为明确的认识和理解。当我们进入社会后，如何工作、如何与人相处、如何建立家庭、如何追求理想，这些都需要别人来指导。

但丁说："走自己的路，让别人去说吧！"但是走自己的路的同时也不妨多听一下别人的参考意见，毕竟别人的生活经验往往会是我们人生一笔宝贵的财富，从他们的人生履历中，我们可以清晰地知道，哪些事情不能做，哪些事情可以做，事情怎么做才会更好，怎么做才能避免出现更多的错误。这些原本都是需要我们自己去摸索的，而有人进行指导的话，无疑可以省去很多麻烦，也让我们的人生道路走得更加顺利。

著名画家凡·高早年在巴黎谋生，可是他的作品根本无人欣赏，自己也没有形成什么固定的风格。多次失败的他决定模仿自己最敬仰的画家米勒的画风，希望自己可以从这位伟大的导师身上寻找到灵感和出路，于是就回到了法国南部小镇阿尔勒。不仅如此，这个时候他还开始尝试着回归早年印象派的画法，同时开始临摹米勒的画作，然后对其进行再创作。

要知道，此前他更像是一个没有方向感的士兵，只知道一味向前冲刺，却不清楚自己到底应该做些什么，也不知道自己的敌人在哪里。但凡·高很快从米勒的作品中找到了属于自己的风格和节奏，他模仿米勒画土豆，于是画出了经典的《吃土豆的人》；模仿米勒的《花束》，于是成就了世界上最杰出的作品之一《向日葵》。如果不是米勒，也许凡·高至今也不过是一个平凡的画家，可以说正是因为米勒的指引，才成就了伟大的凡·高。

所以，在现实生活中，无论做什么，都要为自己寻找一个好的引导者，一个榜样，通过跟随榜样学习，我们可以掌握更多的工作经验、社交经验、人生经验，我们对于人生方向的掌握也会更加合理科学。我们可以从别人的经验中学习很多知识，比如提高自身的能力，提高生活的技巧，还能够更好地规避风险，有效防止自己犯错。

奥普浴霸的老总方杰在澳大利亚留学的时候，就希望自己能够在电器产品领域创出一番事业，可是他知道自己的业务能力不强，语言表达能力很差，完全不懂得如何去谈判。为了改正自己的缺点，他利用假期的时间去当地的一家灯具厂打工，因为他发现这家公司的老总非常健谈，如果自己跟着他工作的话，一定能够提高自己的表达能力，还能够学习到很多谈判技巧。

那时候他经常主动提出与老板一起去洽谈业务，然后他就偷偷地在口袋里放一个微型的录音机，这样就能够将谈判的过程全部录下来，老板的谈话内容、谈话技巧也被他一一收录。那时，他每天都要反复听这些录音好几遍，不断揣摩和学习老板的谈判方法，渐渐掌握了谈判技巧，同时也知道了很多谈判的禁忌和雷区。

没过多久，方杰就克服了自身的缺陷，成为名副其实的谈判专家，他甚至一度成为澳大利亚身价最高的职业经理人。那时候灯具厂的老板退休后将位置留给了方杰，但方杰一直希望能够自己创业，所以不久就辞去了职务，回国创立了奥普浴霸。当然，他对老板的帮助一直感恩于心。

通过调查，我们完全可以发现，其实很多成功者都是从别人那里汲取营养的，所以牛顿说："如果说我比别人站得更高，那也是因为我站在了巨人的肩膀上。"生活中我们需要懂得从别人那里吸取有用的经验，需要跟随那些能够指导我们获得成功、指导我们规避风险的人。

如果说人生就像航海一样，那么我们在航行的过程中需要一个灯塔，那个灯塔就是我们的指路人，可以照亮我们的航程，可以指引我们躲避暗礁和浅滩，使我们绕过各种危险的障碍和无意义的弯路。而我们要做的就是在茫茫大海中擦亮眼睛，然后寻找到这个灯塔。

交对人麻雀也能变凤凰

美国政界有一句非常流行的话："一个人能否成功，不在于你知道什么，而在于你认识谁。"这句话尽管听起来有失偏颇，有故意抹杀个人努力的嫌疑，但却具有很大的现实意义。事实上，成功固然和个人能力密切相关，但却往往离不开人际关系。有时候，如果我们能够找到生命中的贵人，能够攀附那些强者，那么的确会对个人的奋斗产生积极的作用。

有人说，找个好的朋友，能够少奋斗5年，找个好的老板，能够少奋斗10年……其实这就体现了优质人脉的重要性。事实上除了先天条件的制约之外，我们完全可以通过交际来获得更多更优质的人脉，如果眼光独到，判断力准确，能够找到最具潜质，最能给自己带来帮助的贵人，那么我们的生活将会发生很大的改变，对成功的把握也会得到很大的提高。

韩信曾经是项羽的手下，可是不受重用，因此只能当一个普通士兵，可是跟随刘邦后，他的能力被激发出来，有了施展的空间，所以很快成长为有名的军事家，直到成为汉朝的开国功臣。萧何原本只是一个地方小人物，在刘邦带领劳工前往咸阳服徭役时，乡绅小吏们纷纷为刘邦送行，大家送的都是三百钱，而萧何认为刘邦器宇不凡，必定会成为人中龙凤，于是给了五百钱，结果两个人很快成为朋友，后来刘邦称帝，他也因此封侯拜相。韩信和萧何正是因为跟对了人，才从一个默默无闻的小人物成为历史上赫赫有名的角色。

其实在现实生活中，有很多类似的例子，这些人也许一无所有，要钱没钱，要学历没学历，能力也一般，却总是能够找到人生的伯乐，能够跟随贵人身边，结果因为贵人的成功而收获自己的成功。《红楼梦》中说，好风凭借力，送我上青云。只要善于把握优质人脉，自然能够平步青云。

在阿里巴巴集团中，有很多员工都是百万富翁、千万富翁，他们并没有什么突出的能力，也没有很高的学历，但是这些人有一个共同点，那就是他们都是老员工，都是跟着马云一起创业的伙伴。正因为他们始终坚守在马云身边，始终愿意跟着马云打天下，所以当阿里巴巴发展壮大时，这些人都成为功臣，从而平步青云，名利地位双丰收，从一个普通人变成人人羡慕的高管和股东。

在阿里巴巴集团中有"十八罗汉"，所谓十八罗汉实际上是指18名老员工，这些人从一开始就跟着马云，可以说是马云一路走来最忠实的伙伴，正是由于这些人的帮助，马云才能打造出自己的商业帝国。当然反过来说，也正是因为他们选择跟随马云，才能跟着马云一起分享成功，才能拥有别人羡慕的巨额财富。事实上，这18个人如今已然是公司的骨干，而且还掌握着公司的部分股份，可以说是要财富有财富、要地位有地位。

而马云的第一位秘书，是一个名叫李芸的姑娘，早在马云创办中国黄页的时候，她就跟着马云做互联网工作了，可以说是最早的一批员工之一，而且她深得马云的信任。后来由于中国黄页面临失败，马云决定北上寻找机会，那时，李芸也跟着去了北京，可是因为她当时已经结婚了，所以很快从北京返回了杭州。而当马云从北京回到杭州创办阿里巴巴后，第一时间就找到李芸，邀请她继续跟着自己创业，可是李芸委婉地拒绝了，也许是担心马云的创业没有什么起色，也许是其他什么原因，李芸毅然放弃跟随马云。结果后来她成了那些老员工中生活最普通的一个人，如果当初她继续坚持跟着马云，她的人生轨迹也许会发生改变。

其实，很多时候，我们都会抱怨社会的不公：为什么有的人能力不行，却能够爬上很高的位置？为什么有的人不如自己，却总能活得比自己精彩？我们在感慨人生和抱怨社会的时候，很容易忽视一个问题，那就是那些不如你的人往往比你更具眼光，他们对于人脉的掌握要比你更好。与其说这个社会不公平，说他们运气很好，倒不如说这些人更擅长选择贵人，都说良禽择木而栖，这些人其实就是良禽，因为他们比你更了解什么人值得跟随，什么人没有跟随的价值。

事实上，那些不如你的人，那些能力低下的人，并非无能，也并非一无是处，他们的成功也是依靠自己来把握的。善于挖掘和选择贵人，这本身就是一种能力，而不能仅仅归结于运气问题，而且很多时候这种能力比一些技术性的技能和硬性的才能更加重要。事实上，现如今就是一个依靠人力资源来提高竞争力的时代，谁认识的人多，谁认识的人更出色，谁的后台更强硬，那么谁就能够在竞争中更长久地存活下去，这是非常现实的问题。

所以实际上结识贵人、创造优质人脉就是一种非常有效的竞争手段，一旦你选择了更好的人，一旦你跟随了更有权势的人，那么你无疑会得到更多的帮助。

我们常说，一头狮子带领一群羊，可以击败一只羊带领的一群狮子，原因就在于当羊跟随狮子之后，它的潜能会得到激发，它的能力会得到提高，而当狮子跟随羊之后，它的能力反而会受到限制。所以选择和跟随一个有潜质、有能力的人很重要，因为他能够为你创造更大的价值，能够帮助你成就自己的梦想。

还是那句话，一个人如果能力不行，运气也不行，依然可以尝试着去获得成功，只要你善于发现优质人脉，只要你具备很好的眼光，能够发掘他人身上的价值和潜质，那么你依然可以借助他人的力量来获得成功。要知道，麻雀也能飞上枝头变凤凰，只要你能够及时找到那根树枝，只要你懂得站在那根树枝上，那么你一定能成功。

你并非缺乏财运，关键是缺乏贵人

很多人在做生意的时候，常常会遇到挫折，这时有些人就会自暴自弃，认为自己不是发财的命，认为自己天生就没有经商的能力和运气。但事实上经商和运气的关联并不大，如果说一定存在运气的话，那么所谓的运气就是贵人的帮助，很多人之所以能够获得成功，就是因为寻找到了生命中的贵人，以至于很快找到了生活的突破口。

香港"景泰蓝"大王陈玉书先生在创业初期，经历重重困难和挫折，生意一直没有什么起色，他一度想过要放弃，认为自己根本不是做生意的料，就连他的朋友也都认为他没有挣大钱、发大财的命，不如踏踏实实找份工作，过一些平常人的日子，这样反而安稳一些。那个时候，他每天都承受着巨大的压力，饭吃不好，觉也睡不着，为了排遣内心的郁闷，他只能每天去公园散散心。有一次，他和往常一样到公园里散步，恰巧看见一位身体单薄的母亲吃力地摇着秋千上的孩子，出于善意，他立刻走上前帮忙，使孩子在秋千上开心地度过了大半天。

临走的时候，这位母亲非常感谢陈玉书的帮助，她还递给陈玉书一张名片，告诉他如果有困难可以找她帮忙。陈玉书一开始根本没有在意，只是随手将名片放在口袋里。几天之后，他无意中掏口袋时，才发现这张名片，于是拿出来看，这时候，他才知道原来名片的主人竟然是某国公使的夫人。

为了确定这个信息准确无误，他还特意做了一番调查，发现名片上的人果然就是公使夫人，他大喜过望，意识到自己找到了贵人，而且还不是一般的贵人，他觉得公使对于各国环境都有了解，而且人脉广泛，会给他做生意带来一些方便。想到这里，陈玉书就主动和公使夫人联系，经常聊天聚餐，一来二去，两个人很快成为好朋友。

那时候，陈玉书非常渴望打开香港市场，他希望将自己的产品运到香港去卖，相信一定会挣钱的。可是当时他根本没有办法弄到运送货物的签发证，如果没有这个签发证，那么他的货物就无法运送到香港。想到这里，他就请求公使夫人帮忙，结果公使夫人一口答应下来，并且很快就办妥了这件事。接着陈玉书顺利将产品贩卖到香港，并且从这单生意中，赚取了大量的钱财，为自己的创业积累了第一桶金，从而开启了他人生的辉煌。

严格来说，陈玉书的成功就是因为找到了贵人，正是通过贵人的帮忙，他才能挣到第一笔钱，也才能有资本和实力来壮大自己的商业帝国。事实上，很多成功人士都是借助他人的帮助才获得非凡的成就的，阿里巴巴的掌门人马云遇到孙正义后才有了发展的资金；喜剧之王周星驰遇到李修贤才有了演戏的机会；小说家莫泊桑在没有遇到作家福楼拜之前，只是一个不务正业的公职人员。

美国哈佛大学曾经对 3 770 名经理进行调查，发现超过 87% 的人曾经得到别人的提携和帮助。英国的某个就业管理机构也曾对很多企业高管进行调查，发现绝大部分人都受到过某个重要的人的帮助。一位著名企业家说过："一个人的脚力终究是有限的，我们应该学会让别人推着我们走。"很多时候仅仅依靠自己的力量是很难获得发展的，人始终无法将自己抛得更远，除非借助外力。

很多时候，你会发现自己很有实力，也很努力，可就是不如别人升迁得快，就是没有别人走得顺利，你辛辛苦苦奋斗了一辈子才到达的高度，别人很可能在很短时间内就超越了，很显然对方得到了特殊的"照顾"。这时候你要做的不是去抱怨什么不公，不是去感慨自己不够好运，而是应该想办法寻找自己的贵人。对于我们自己而言，不应该死守"自己努力"就能创造机会这样的传统思维，事实上机会往往是别人给你的，或者是别人给你创造的，当然，我们要做的就是把握这种赠予的机会。

华人首富李嘉诚先生曾经说过："良好的品德是成大事的根基，成大事的机遇是遇到贵人。"现如今，更加重视人际关系，更加重视人力资源，因此优质人脉的挖掘尤为重要，如果能够找到一个愿意帮助自己的强者，能够找到一个愿意信任且给予自己更多机会的靠山，那么你的人生无疑会走得更加轻松。

都说知己难求，贵人也很难求，想要找到贵人，那么首先需要给自己充电，要做好各种准备，只要自己有能力、有价值，别人能够从你身上获得一定的报酬，那么就很容易在你身上进行投资。其次，需要良好的人际沟通能力，想要被人信任和欣赏，那么首先要懂得如何去结交别人，你的态度一定要诚恳，姿态要谦卑低调，还需要注意语言技巧，当你赢得对方的信任和好感后，对方才可能会帮助你。当然，想要找到贵人，还要善于等待，毕竟并不是所有的人都愿意帮助你，你需要等待最佳的时机。

美国佐治亚州立大学的史坦利教授对 2 000 位百万富翁做过一项调查研究，他发现这些富翁大都具备一个共性，那就是懂得辨识人群中哪一种人能够成为自己的贵人，哪一种人具备利用的价值，他们总是能够找到那些改变自己命运的关键性人物。这话听起来有些腹黑，但是事实上，想要在竞争激烈的社会环境中生存和发展，就要懂得在人际关系中需要哪些贵人。

跟随什么样的人就有什么样的人生

中国有句古话："物以类聚，人以群分。"就是说有相同或者相似经历、性格、水平的人很容易聚合在一起，而不同层次的人则很难共存在同一个生活圈子里。正因如此，我们常常会说一个人的朋友圈、交际圈决定了他的成就高低，因为当你处在某一个固定的朋友圈时，你所认识的人很可能和你差不多，你们的能力、价值观、见解、性格、地位都很相近，所以你能够得到的帮助并不多。

那么该如何改变这种状况呢？那就需要你提高自身能力，然后突破自己的交际圈，争取站在更高层次，争取拓展更为优质的人脉，尤其是当我们选择跟随某个人时，更要懂得去辨识这个人的能力、地位、思维水平是否超过自己。事实上，对于多数人而言，自己既然无法成为领导，成为别人的榜样，那么就应该跟随那些好领导，当然并不是所有的领导都适合你，也并非所有的领导都会让你受益匪浅。

曾有人拿羊和狮子来做比喻，我们知道，当一群羊跟着狮子时，羊群会成为骁勇善战的斗士，而当一群狮子被一只羊领导时，狮子们也许会失去斗志，变得柔弱不堪。之所以出现这样的局面，关键在于领导者，关键在于你选择跟随谁，一旦你做了错误的判断，一旦你站错了边、选错了位，那么很可能会影响你一生的发展。

当你周边的人都是能力低下、社会地位低下的人，当你的上司和领导是一个胸无大志、能力平庸且缺乏远见的人，那么你的成就也会受到限制，因为长期和这样的人在一起，你得到的帮助很有限，而且你的能力和眼界也会受到限制，你无法突破自己原有的生活模式和思维模式。跟着勤奋的人，你至少不会变得懒惰；跟着聪明的人，你至少不会变得迟钝；跟着理性的人，你至少不会轻易冲动行事；跟着高瞻远瞩的人，你的眼界也必定会更开阔。既然如此，那么我们一定要慎重地选择自己的交际圈，要慎重地选择适合自己的领导者。

提起魏徵，我们第一时间想到的就是他是一位诤臣，而且是李世民的左膀右臂，不过事实上魏徵一开始并非投靠在李世民的门下。最初他投身于瓦岗寨，期望自己能够在风起云涌的隋末成就一番大事业，可是在瓦岗起义军中，他发现起义军本身存在各种局限，起义军目光短浅，缺乏强有力的组织和纪律，而且没有很好的管理制度，这样一来，起义军始终难成大事。所以他在起义军中过得非常庸碌，几乎没什么建树，那时候，他常常感到苦闷，自己一心想要做大事，却不受重用，只能困在这里当一个平庸的人。

果不其然，瓦岗军很快就被别的政治势力打败，魏徵只能四处流浪，开始寻找新的寄主。当李渊的势力渐渐发展壮大，并拥有了争夺天下的资本后，魏徵看到了机会，于是就转而投身到太原李家，并选择追随李家的大公子李建成，他一心认为李建成将来能够继承父亲大业，成为统领全国的君主。但事实上李建成是一个缺乏度量和能力的人，不具备什么领导才能，而且也不懂得识人用人，他安排魏徵当一个掌管图籍的洗马官。即便如此，魏徵依然忠心耿耿，尽心办事，还不时提供一些好的建议，他甚至还建议李建成尽早动手，除掉李世民，这样才能安安稳稳地继承大统。可是李建成为人优柔寡断，根本不是干大事的料，总是把魏徵的建议当成耳旁风。

玄武门兵变之后，李世民开始执掌大权，魏徵因为跟随李建成而受到牵连，被打入死牢。不过李世民听闻他是一个能臣，是一个敢于进谏的人，于是就特赦了他，而且重用魏徵，此后魏徵才真正发挥出了自己的价值和能力，最终找到了最适合自己的位置，从此名扬千古。

无论做什么事情，无论遇到什么样的问题，选择总是很重要，不同的选择往往会产生不同的结果，尤其是在社会生活和工作当中，我们的选择往往会影响到个人的长远发展。我们选择和什么样的人在一起奋斗，选择跟着怎样的人一起奋斗，决定了我们人生的高度，因为和不同的人在一起，你的眼界也会不同。

科学家认为："人是唯一一种能接受暗示的动物。"而不同的人往往能够给你带来不同的暗示，一个人想要让自己更加成功，那么就要懂得跟随那些更为积极的人，这样一来，自身的潜力和能力才能得到最大化的激发和利用，自身的价值也能获得实现。

当然，与其感叹自己生不逢时，为什么没有和比尔·盖茨成为朋友，为什么没有和马云一起创业，为什么没有和巴菲特成为故交，不如认真把握现在的时光，认真做好现在的自己，认真选择那些更优质的人脉，寻找那些潜力股，也许多年之后，你就会成为那些成功人士身边的左膀右臂，成为另一个成功人士。

我们无法选择出身，但可以选择跟谁在一起

在现实生活中，很多人自认出身低微，高攀不上那些达官贵人，高攀不上那些有能力的人。要知道一个人的出身是我们无法选择也无法逃避的事情，这是一种无法改变的事实现状，我们唯一能做的就是接受和适应它。但是我们有权力选择自己的交际对象，有权力选择和谁在一起交往，选择和谁成为朋友，这一点根本不受出身的限制，不受自身条件的限制，哪怕是最平凡的人也有权力和那些最高贵最伟大最崇高的人待在一起。

其实，随着社会的发展，门户之见的观念渐渐消失了，尽管现如今富人和富人成群，穷人和穷人成友的现象依然大量存在，但事实上富人和穷人之间也存在各种交往，他们也可以成为很好的朋友。在人际交往中，地位、身份、财富、知识的限制已经越来越少，不同层次、不同阶层的人相互之间的交往也变得越来越频繁，而且越来越多的人能够依靠这种错位来赢得更多的发展机会，因为当你身处低位而能够结交到更高地位的人时，你手里可以利用的资源往往会几倍几十倍地增长，成功的机会也会几倍几十倍地增加。

正因为如此，我们不要总是自暴自弃，不要总是纠结于自身的环境，更不要被那些先天性的不利因素所限制，如果你想要成功，想要走得更远，想要创造更大的价值，那么就要勇敢地突破自己。

其实真正限制我们的并不是社会地位和出身环境，而是我们自己的心，当你没有办法面对自己的条件，没有办法正视自己时，先天性的那些枷锁会一直困扰着你。如果你能够放下成见，主动求变，主动结交那些比你更好、更出色、更有地位的人，那么你会改变自己的命运。事实上，每个人都具有这样的机会。

一个人可以输在起跑线上，但这并不代表你所取得的成就就一定比别人低，事实上你也可以认识有钱人，认识有权势的人，可以结交那些实力强劲的人，可以成功借助风力平步青云。当然你也可能会一直生活在自己的生活圈子里，继续在低层次低水平的交际圈内摸爬滚打，这只是我们的个人选择问题，关键还是要看你是否有勇气和能力去突破自己。

梅丽莎·雷奥是好莱坞中的实力派明星，也是大器晚成的女演员之一，如果从出镜率来看，那么梅丽莎接触影视的概率并不算低，可以说她经常有机会出演影视作品。从 1984 年开始，她就在电视剧中露脸，二十几年的影视生涯中，梅丽莎参演了近 80 部影视作品，仅仅是 2006 年到 2008 年这段时间，她就出演了 15 部影视作品，可以说这个接戏的频率还是不错的。

不过，梅丽莎在这些影视作品中的表演并不突出，很多时候真的只是露一下脸而已，更重要的是，她根本没有办法获得别人的认可，以至于很多人都不认识她，但是她仍然在坚持，她觉得自己能够等到更好的机会。其实在美人云集的好莱坞中，梅丽莎的身材和长相都很平庸，可以说很难找到什么出众的地方，当时她的很多朋友都劝她离开好莱坞，不要在影视圈中浪费自己的时间了，很多人都认为普普通通的梅丽莎是绝对成不了什么明星的。

但是梅丽莎却没有被自身不利的条件所束缚，她觉得只要自己肯努力，就绝对能够获得机会，收获成功。虽然选择不了出身，但是却能够选择和最好的导演和演员同台演戏，以此来赢得机会。正因为坚信自己的能力，正因为她不愿意被命运控制，所以她一直都在努力，一直在和其他演员、导演交流，有时候，哪怕是跑龙套，哪怕是不计报酬，她也会抓住机会。因为梅丽莎太想要演戏了，而且渴望从演戏中获得成功，成为万众瞩目的巨星。

尽管在二十多年的演艺生涯中，很少有人能够记起她，记起一个名叫梅丽莎的演员，但她绝对是一位实力派的好演员，这一点被很多导演看在眼里。到了2008年，有个导演向她发出了邀约，让她在一部小成本的文艺片中扮演一个为抚养儿子而走私的单身母亲的角色。梅丽莎看完剧本后直接点头答应下来，甚至片酬也降得很低。结果在这部影片中，梅丽莎的表演能力得到彻底的发挥和释放，看过影片的人都认为梅丽莎将这个角色演绎到了极致，正是这部影片，让她声名鹊起，获得了多项大奖，而且还一跃成为好莱坞的大明星，而她的强劲表现也赢得了更多大导演的青睐和关注。

美国的社会行为学专家埃洛弗曾经做过一个有趣的研究，他经过近二十年的调查，发现一个非常有趣的现象：他认为每个人一生中至少可以认识差不多6到8个富有或者有权势的人，这些富有的人往往是很好的资源，更是很好的跳板。可以说这是生活赐予我们的一种额外福利和权力，但是却有很多人忽视了这项权力，他们没有选择好好利用这些人力资源，而这部分人最终大都碌碌无为。埃洛弗认为大部分人都被自己的生活环境影响到了，尤其是那些出身不好的人，多数都具有自卑的人格，这样他们就不愿意也不相信其他更有权势和能力的人，以至于很多时候机会摆在眼前，很多人却害怕做出这样的选择。

事实上，每个人都有权力改变自己，都有权力选择跟谁在一起，即便你的先天条件很差，即便你和别人差距十万八千里，但是只要有心，只要有想法，那么一定可以结交到那些高层次的人脉，也一定可以利用那些优质人脉来为自己的生活谋福利。

Chapter 3
第三章

请擦亮你的眼睛，别让伪朋友把你害了

有事才来串门的朋友，往往来者不善

中国有句古话叫"无事不登三宝殿"，意思就是平时根本很少来走动，只有出现了事情，只有遇到了麻烦，才会想着主动来登门拜访。这样的人在很多时候就是典型的"务实派"，他们只有有求于你时，才会屈尊降贵主动来接近你。毫无疑问，这些人走到哪儿，哪儿可能就会出现麻烦，作为朋友，你不得不防。

在朋友圈中，最忌讳的也常常是那些"平时不烧香，临时抱佛脚"的人，这样的人缺乏一种最基本的朋友相交的礼数，缺乏一种诚恳和尊重，他将朋友当成一个急救箱来对待，平时心里根本装不下朋友，只有麻烦缠身的时候才会想到去朋友那儿找点门路，才会想到如何让朋友帮自己减轻压力。其实，登门拜访不仅仅是一种简单的拜访，更多时候表现了朋友之间的一种亲密和尊重的方式，毕竟有人愿意经常到家里来看你，就证明你这个人具有一定的吸引力和个人魅力。对于朋友之间的关系来说，经常串门也能够有效促进感情的交流。而无事不登门，有事才来求人的朋友通常都比较自私自利，这样的朋友对于你来说，不过是一个麻烦制造者，你最好还是敬而远之。

明朝有个官员叫张广轻，他曾经因为弹劾上级官员而丢掉了乌纱帽，在那个时候很多朋友都开始刻意疏远他，甚至在大马路上遇见也装作不认识他，张广轻自然知道树倒猢狲散的道理，何况通过这件事，他也早已看透了人情冷暖，所以他也毫不在意，成天将自己锁在房间里，练练书法，读读书，以排遣内心的郁闷。

就在这无官无职的三年半时间里，几乎没有一个朋友来看他，曾经那些官场上称兄道弟的人也没有再和他联系。可是随着那个被弹劾的官员落马，张广轻很快官复原职，并且为了奖励他对贪官的抗争和举报，朝廷还提升了他的官职。就在这个时候，开始有人三三两两地来找他，而且来人多半是有事相求，不是让他帮忙解决官司，就是让他帮忙谋个差事，张广轻一概拒绝。很多人认为张广轻是出于报复心理，认为是由于没人在他落魄的时候关心他、支持他，没人敢替他说话他才拒绝。但是他却说："有事才想到朋友的人，有事才会登门拜访朋友的人，通常都是来者不善，过河拆桥，我可不想卷入那些不必要的是非之中。"

其实人与人之间的交往更看重常态化，常态化的交往才能确保常态化的感情维系，所以朋友之间就应该多串门多走动，多聚一聚就能很好地促进感情，毕竟这样会让对方觉得你始终都在关怀他，从而为双方以后的交往打下坚实的基础。以后只要你有什么困难，朋友就一定会主动挺身而出，帮助你解决困难。

有人曾做过一个很有趣的调查，发现人与人之间的登门频率超过一周三次的通常都是很要好的朋友；频率为一个月三次的则是比较好的朋友；一年三次的则为普通朋友；数年之间也很少往来的，两个人的关系往往会比较淡。在这里，研究人员发现：登门频率越高，证明两人之间的联系就越紧密，关系也就越融洽。而从交往频率往往也可以看出朋友对你的心意，如果对方心中有你，如果对方时常记挂着你，那么一般来说都会主动来看看你。而那些无事不登门的朋友，你一定要小心了，因为对方很可能带着诸多麻烦一起来找你。比如我们常常会遇到这种尴尬的事情，那就是某一天可能会见到多年未见的朋友登门拜访，而对方开口就是借钱，这或多或少会让你感到不放心。

当然，我们不能片面地认为不登门的人就不算是朋友，毕竟朋友之间的距离有远近，而且有的人的确不喜欢四处走动，这显然不能证明两人的关系不和睦。但是从人际交往的角度来说，平时多串门有助于增进感情，因为串门的次数多了，彼此的话题更多了，双方也就更为了解，信任感和安全感就会增强，人与人之间的隔膜也就越来越小。

对于有事才想起朋友的人，我们不能太过轻信和靠近，毕竟像这样的人往往只是想着要利用我们的感情而已，一旦你失去了利用的价值，一旦他觉得你帮不上什么忙，肯定会开始疏远你，会忽视你的存在。既然如此，那么我们又何必去和对方打交道呢？不妨一开始就坚决地敬而远之，因为我们根本就没有必要为之浪费时间和精力。

同富贵，我来；共患难，我走

我们常说患难见真情，当一个人落难的时候，往往可以看出谁才是真正的朋友，谁是伪朋友。因为患难最能考验人的心性，一般来说人在患难中才会显示出自己的本性，也才会显示出内心的阴暗。事实上每个人都具有很强的趋利性，所以当你富贵加身的时候，你的朋友往往会更愿意接近你，而当你落难的时候，朋友很可能会担心自己受到牵连，担心你向他们求救并成为他们的累赘，所以会不顾一切地将你拉入黑名单。

只愿意共富贵，却不愿意和你共患难，这样的朋友在生活中并不在少数，而这样的人往往自私自利。他们在你遭遇不幸的时候袖手旁观，当你落难的时候，他们会刻意远离，生怕你会拖累他们；当你绝望无助的时候，他们会装作不知道，当成没看见一样；当你失势的时候，他们不会前来安慰你，而是冷嘲热讽，落井下石；当你受到伤害的时候，他们拒绝伸手援助，而是远远离开。对他们来说，明哲保身是最重要的，而与一个倒霉的人尽快划清界限是很有必要的。

可能很多人都不知道，克莱斯勒的总裁艾柯卡原本是福特公司的副总裁，因为工作业绩出色，待人也很好，他的权力和威望甚至一度超过了福特本人。那时候是艾柯卡在福特公司最辉煌的时刻，很多人都想和他交朋友，都希望自己能够得到艾柯卡的帮助，用艾柯卡自己的话说："当时的我正处于权力的巅峰，享受着众星捧月的待遇，我可以明显意识到整个世界的人都是我的朋友，要么就想要成为我的朋友。"

可是艾柯卡的声望实在太高了，以至于福特觉得他有些功高盖主，结果福特以莫须有的罪名将他赶出了董事会，然后直接辞退了他，艾柯卡一下子从高高在上的副总裁成为一个失业者。这下，等来的只有树倒猢狲散的冷漠结局，艾柯卡失势后，曾经的那些追随者和奉承者很快就做出反应，他们刻意躲避艾柯卡，尽量远离对方，以免受到艾柯卡的牵连而失去工作。

失落中的艾柯卡一下子就看透了人情冷漠，他开始嘲笑自己的愚蠢，当然他也因此看清了这个世道，看清了所谓的朋友。可以说，在这个时候，他下定决心不再轻易相信那些奉承自己、迎合自己的"朋友"。

几个月之后，濒临破产的克莱斯勒公司决定聘请艾柯卡担任公司的总裁，希望艾柯卡能够帮助公司起死回生，重新振作的艾柯卡很快接受了克莱斯勒公司的聘请，并且用自己的全部能力帮助克莱斯勒实现了复兴，使其迅速发展壮大，成为和通用、福特齐名的汽车制造公司。这个时候，很多朋友又来投奔他，希望他能够帮助自己，艾柯卡直接拒绝了这些人，因为经历过人生的起伏之后，他已经对"朋友"有了更深刻的认识。

在面对"可共富贵而不能共患难"的伙伴时，你唯一能做的就是尽早远离和绝交，因为这样的人只想占你的便宜，却从未想过为你付出一点什么，他们不知道什么叫作友情，也不知道怎样去巩固彼此之间的友情。更多时候，他们只在乎自己，只想着满足自身的利益。换句话说，这样的朋友不过是看中了利益而已，他们所做的一切都是围绕着利益转动的，为了利益他们可以在你富贵加身时接近你，也会在你遭遇不幸时置若罔闻，甚至落井下石。

苏东坡当年因为乌台诗案入狱，那时候很多平日与他交好的朋友都开始刻意疏远他，生怕自己也被卷入是非之中，更为可气的是很多朋友开始想办法诋毁他，原因很简单：他们发现越是攻击苏东坡，自己的身价反而会越高，越是能够得到他人的重视。于是，一场针对苏东坡的批判狂欢拉开了序幕，那些平日称兄道弟的人开始成群结队地恶意攻击苏东坡。

这一刻，苏东坡意识到了人性的丑陋，悲愤不已的他在和弟弟的通信中透露出了赴死的决心，他实在想不明白为什么当初那些围着自己转的人，如今却一个个地前来围攻自己。好在后来很多人在皇上和太后面前做担保，这才使苏东坡免于一死。死里逃生的苏东坡一下子醒悟过来，不仅仅是对生命有了新的理解，对朋友也有了更深的体会，在这之后，他很少出席聚会，也很少和那些朋友交往。

有个作家说："一个朋友即便不能帮助你解决问题，不能帮助你承受苦难，至少也愿意在精神上给予你更多的支持，如果他什么也做不了，至少也要懂得安慰你。"如果你的朋友总是在你落难的时候离去，甚至落井下石，那么证明这个人根本没有将你当成朋友来看待，此时，我们应该立刻远离他们，毕竟像这种经不起风吹雨打的友情往往只会是一种负担。

墙头草随风倒的人，往往会害了你

在西方的寓言故事中，蝙蝠是没有立场的。在很久以前，由于鸟类和兽类发生了战争，结果兽类占优势，于是蝙蝠坚定地加入兽类的行列，可是经过一段时间的进化，鸟类开始在竞争中占据优势。这个时候，蝙蝠开始改变策略，投靠了实力强大的鸟类。数百万年之后，鸟类和兽类达成统一，双方不再交战，结果善变的蝙蝠一下子成为全民公敌，最终只能在晚上偷偷出来飞行。

有人说："一个人最重要的是要讲原则，讲立场。当然，如果你没有立场的话，至少应该讲一讲感情，看看你到底应该支持谁。可是如果你连感情上的基本立场也没有的话，那么只能是一个被他人排挤和遗弃的人。"在现实生活中，墙头草往往是最让人讨厌的类型，他们没有立场，没有原则，凡事只看重利益，只要是实力强大且有利于自身利益的人，他就投靠，就更加倾向与之进行合作。这种墙头草看上去柔弱无力，却往往带着锋利的锯齿，你轻信了他们，就容易被切割得遍体鳞伤。

对于那些墙头草来说，你需要保持谨慎，不能轻信他们，哪怕这些人是你的朋友。像这样的人根本就不会看重友情，对他来说，利益才是第一选择，也是唯一的选择。平时他可以跟在你后面，为你摇旗呐喊，卖力助威，关键时也能够背叛朋友，背叛身边的亲人，成为背后捅你刀子的人。事实上，无论是谁，只要给的好处多，只要实力更加强大，只要更有助于他的发展，他就会偏向谁。可以说，墙头草是非常典型的投机主义者，他们需要的是能够带来利益的朋友，如果你不能满足他的要求，那么他会毫不犹豫地转入别人的阵营。

在中国历史上，冯道也许是最著名的墙头草了，此人"历任四朝，三入中书，在相位二十余年"，先后侍奉过十个皇帝，却始终富贵加身，人称官场的"不倒翁"。冯道曾经写过一首表明心迹的诗："莫为危时便怆神，前程往往有期因。须知海岳归明主，未必乾坤陷吉人。道德几时曾去世，舟车何处不通津？但教方寸无诸恶，狼虎丛中也立身。"在这里，他明确表达了自己在虎狼环视的复杂环境中采取的生存之术，说白了就是随风摇摆。

当然，对于冯道这样的人来说，朋友往往也很少，因为大家显然都不愿意和这样不忠诚的人交往，所以都要敬而远之，哪怕对方是高高在上的宰相。很多人都说冯道已经成精了，今天他可以和你交朋友，明天就可能站在对立的那一边来对付你，因为对他来说和谁交朋友并没有什么不同，关键是谁对他最有利，只要谁最有助于他的发展，他自然就会认对方为朋友。

有一次，冯道去故乡探望自己年轻时候的一个朋友，因为他知道对方也是满腹经纶、学识渊博之人，于是很早就向朝廷举荐他，可是不知道什么原因，对方竟然三番两次地拒绝上任，所以冯道只好亲自走一趟，看看到底是怎么回事。可是等他登门拜访的时候，这个朋友竟然避而不见，这让堂堂一国宰相情何以堪？当然在家乡父老面前，他实在不好意思发作，于是快快而回。第二天他收到了朋友写的绝交信，朋友在信上说冯道为人能力出众，而自己的能力显然配不上这样高贵的身份，而且冯道这个人喜欢侍奉新的君王，他担心自己适应不了这样的变化。很显然，这个朋友是在讽刺冯道的不忠，讽刺冯道是一个墙头草随风倒的卑鄙小人。

如果我们也遇到了冯道这样的朋友，就应该尽早离开他们，防止被对方拖下水。而在日常生活中，我们应该保持理性，应该懂得分辨自己的朋友，尽量从中找出这些害群之马。那么，什么样的朋友才是墙头草呢？墙头草一般具有什么样的特征呢？

想要知道自己的朋友是不是墙头草，那么就需要注意一些生活细节，比如看一看他是不是经常在你面前说别人的坏话，又在别人面前说你坏话；他是不是今天同意你的观点，明天却又开始变卦；每次做出选择和决定的时候，他是不是都会反反复复念叨自己会不会吃亏；他是否经常人云亦云，缺乏主见；他是不是对谁都很好，但是谁对他都很一般；他是不是热衷于奉承，热衷于溜须拍马。

如果你的朋友有以上几种特性，那么你就要小心了，因为对方很有可能就是一个随风倒的人物，因为这样的人总是在望风而动，随时观察风向的变化。他今天可能信誓旦旦地站在你这一边，和你称兄道弟，到了明天就可能为了利益和你翻脸为敌，对于这样的人，我们不能不心生戒备，否则吃亏受害的永远都会是自己。

背后捅刀子的人，你最好敬而远之

都说明枪易躲，暗箭难防，对于来自背后的伤害，我们常常会感到束手无策，尤其是当这只背后的黑手来自朋友的时候，你很有可能因此而陷入困境，因为我们通常会对好朋友放松警惕，通常会无条件地信任对方，这样就给了对方可乘之机。

生活中有很多这样的人，当面的时候，和你称兄道弟，两个人无话不谈，可是私底下却总是给你下套子、使绊子，总是冷不丁地在背后捅你一刀。对于这些伪善者来说，他们并不会将你当成真正的朋友来对待，更不会对你付出自己的真心，多数时候，他们只是在想着一件事，那就是如何更加快捷高效地整垮你。

为什么我们的朋友有时候会拿自己开刀呢？原因有可能在于你阻碍了对方的发展，至少你在某些方面影响到了对方的利益，要么就是你本身太过强大，你的能力太突出了，以至于打破了朋友圈中的平衡，一些心存嫉妒的人肯定会想办法打击你，会想办法在背后陷害你，让你不得翻身。当然，也有可能是对方根本就是你的对手，他虚情假意地接近你，只是为了方便使诈。但无论是哪一种情况，都表明你已经命犯小人，成为别人的眼中钉。

说起股神巴菲特，很多人会认为他是一个善于投资的人，可巴菲特并不这样认为，因为在很多投资领域，他都是输家。巴菲特从来都不是全能的人，在其他很多方面，他也需要依赖朋友，需要依靠高人的指点，而正是因为拥有这种软肋，他也常常被那些坏朋友误导，甚至被他们伤害。

在20世纪50年代时，巴菲特一度痴迷邮票，他渴望投资邮票，而这个想法源于他的一位朋友。这个朋友也是生意场上的老手，他和巴菲特一样，也热衷于股票交易，而且很多时候两个人还是竞争对手。不过在场面上，两个人还是朋友，而且巴菲特认为朋友之间有竞争也是好事。正因为这样，巴菲特经常和对方一起讨论邮票，对方似乎也愿意和巴菲特共享信息，更重要的是在这一领域，巴菲特只是一个什么也不知道的新手，因此迫切需要寻找一位导师。

有一天，这位好朋友告诉巴菲特4美分的蓝鹰邮票将要被5美分的红鹰邮票所取代，那个时候，可以大量收集蓝鹰邮票，刻意制造奇货可居的局面，那么很多收藏家就会前来收买这种过期的邮票，从而有效提高邮票的价格。巴菲特觉得很有道理，于是就花费10万美元购买了蓝鹰邮票。可是当红鹰邮票发行之后，巴菲特手中的蓝鹰邮票却没能抛售出去，最后只能降价处理，而这一次的投资让他亏损严重。

事后有人提醒他是被人骗了，因为在尚未完全退出市场的邮票上投资，摆明了就是自找亏损，巴菲特一下子意识到自己可能真的被人从背后捅了刀子。毕竟对方在怂恿巴菲特投资的时候，他自己却怎么也不肯动手投资。一想到这件事，巴菲特就非常生气，不过正是因为这件事，让他明白了道理，也看清了一些朋友的真面目。

此后他无论是和别人合伙做生意还是投资，都显得很谨慎，也正因为这样，他才能成为股市的常胜将军。

在生活中，我们常常会发现自己莫名其妙地遭人陷害，而且对方往往能够非常准确地了解自己的行踪，能够非常准确地把握自己的缺点，能够非常有效地打击自己的软肋。面对这样的情况，我们需要反省和深思，看一看自己是不是遭到身边人的陷害了，想一想自己是不是被朋友给出卖了。

很多人也许根本不会考虑那么多，也不会轻易去怀疑自己身边的朋友，可是害人之心不可有，防人之心不可无，每个人都应当心存戒备，哪怕是最亲近的人，也没有必要完全地坦诚相待，而且你的身边往往会潜伏着一些别有用心的朋友，他们接近你只是为了给你制造麻烦和伤害，对此，我们需要保持必要的警惕。

稍微了解历史的人都知道，在宋朝时期，中国的北方有一个强大的民族契丹族，这个民族的人很少，经济也不发达，可却总是兵强马壮，几乎成为大宋最强大的敌人和对手。那么为什么契丹人总是能够给大宋王朝制造麻烦呢？关于这一点，可以从契丹人喝水的细节中看出来，每一个契丹族的人在河边喝水的时候，都不像平常人那样直接弯着腰去取水喝，而是采取单腿跪地的半蹲姿势，右手握兵器，左手取水喝。

也许你会嘲笑这样的姿势，明明可以很好地喝到水，为什么要浪费体力去制造一些新花样出来呢？实际上契丹人也曾经和平常人一样喝水，但是河边通常会有野兽出没，结果野兽从背后发动攻击，对人的威胁很大。此外，一些外族的奸细会在士兵们喝水的时候趁机从背后发动攻击，从而给士兵造成很大的威胁和伤害。正因为吸取了这样的教训，契丹人开始变得更加警觉，每次喝水都采取半蹲姿势，这样可以尽可能地观察到后面的情况，谨防来自背后的那只黑手。

对我们来说，也需要保持这种防备之心，毕竟现在的社会很复杂，如果你遇人不淑，认人识人不够深入，那么很有可能会因此而受到伤害。所以即便是一些朋友，我们也不能轻信，也要懂得进行自我保护。背后伤人不是君子所为，而在背后向朋友施加毒手，更是小人行径，如果你有这样一个朋友，那么就要小心谨慎了，最好还是离对方远一点，尽量让对方远离自己的生活圈，尽量不让对方抓住自己的弱点。

只想收获不想付出的朋友，会让你吃大亏

英国科学家法拉第在发现电磁感应的时候，意识到这将是足以改变世界的一个发明，当然他也面临着研究经费严重短缺的问题，为了让自己的研究能够继续下去，他决定和助手去找首相这个老朋友索要一笔赞助费。见到首相后，助手急匆匆地提出了索要经费的事，并兴致勃勃地解释了这项发明，不过首相对于发明一窍不通，也不怎么感兴趣，在他看来这样的发明并没有什么特殊的意义。所以任凭可怜的助手费尽唇舌，首相依然无动于衷。

这时，法拉第开了口："我想我的助手说得很明白，科学可以带来发明，发明可以改变人们的生活方式，渐渐地人们就离不开这个发明。到时候，我想您可以用它收税。"首相听说这项发明有利可图，思考了片刻便同意提供一大笔援助。

这笔赞助费之所以能够申请成功，关键就在于法拉第提到了征税，也就是说当法拉第的发明能够为国家带来利益时，首相才愿意提供援助。在这里，经济利益的作用似乎比友情还要重要，同时也指出了一个浅显易懂的道理：想要让别人有所付出，那么首先应该让对方有所收获。这往往是人际交往的一个真实写照，也是一个人际交往的基本法则，你想要得到别人的帮助，那么就要先付出一些东西，这样一来人际交往才能达到一个基本的平衡状态。

有付出就会有收获的道理人人都知道，在中国有"种瓜得瓜，种豆得豆"的八字箴言，无论什么时候，付出和收获总是相辅相成，相互牵制，相互作用的，有付出就会有收获，而想要有所收获，就必定要懂得付出。

但在生活中总是有一些人想着空手套白狼，总是想着吃免费的午餐，他们一方面期待着能够收获更多的利益，另一方面却想着如何做到一毛不拔。这样的人即便在对待朋友的时候也是一样，总是将朋友当成一个可以获利的对象，将朋友当作一个现成的提款机，只要有利可图，就想着从朋友身上搜刮更多的东西，自己却从来不曾想到要付出什么。可是他们往往得不到别人的信任，最后会被朋友们排挤出去。

"将欲取之，必先予之"，这是为人处世的一个基本原则和方法，哪怕是朋友之间，也是一样。任何人都不能因为对方是朋友，就肆无忌惮地要这要那，做人不能轻易透支友情，不能轻易去消费友情的忠诚度，否则到最后只会整垮这段友情。而一旦遇到喜欢过度消费友情的朋友，我们也要保持理性和冷静，不能因为顾及情面而甘心被对方"剥削"，最好还是和这样的人保持距离，以免自己受到拖累和伤害。

成功学大师拿破仑·希尔曾经有过一个很要好的朋友，两个人从小一块长大，彼此都很熟悉，拿破仑·希尔知道自己的朋友尽管是知名的企业家，但平时有些小气，不喜欢把好东西拿出来和别人分享，而一旦别人有什么好东西，他就想尽办法来讨。面对这样的朋友，拿破仑·希尔也是无计可施，只能睁一只眼闭一只眼，装作不知道。

有一次，朋友想让拿破仑·希尔帮忙介绍一个赞助商，因为这样可以帮助他拓展业务，更重要的是他知道拿破仑·希尔是名人，只要他肯出面，自己就可以省下一大笔费用。可是拿破仑·希尔却认为拉赞助商这样的事情最好是朋友自己去弄，因为他了解这位朋友的个性，像这样一毛不拔的人如果和别人做生意，那么很有可能会因此而伤害到那位赞助商的利益，他可不想因为这件事而弄坏自己的名声。所以经过思考之后，拿破仑决定不蹚浑水，并建议对方自己去找赞助商，当然他愿意帮忙牵线搭桥，至于具体的合作事宜，最好还是两个人私下去协商。

朋友听了很生气，觉得拿破仑不够朋友，是在有意推托。而拿破仑也觉得自己很委屈，毕竟自己一直以来都在不求回报地付出，自己能够做到这个份上实属难得。而朋友竟然这样得寸进尺，思来想去，他最终和对方"解除"了朋友关系。

来而不往非礼也，即便是最要好的朋友，也要懂得一些人情世故，也要懂得和朋友之间做好平衡，不能一味去索取，不能把朋友当成奴隶来使唤。俄国作家契诃夫曾经说过一件事，他的一个朋友总是求他帮忙干活，要么就是前来借钱，契诃夫每次都满口答应下来，可是轮到契诃夫提出帮忙的时候，朋友却什么也不愿意做，至于借钱更是没得商量。契诃夫觉得很生气，于是生气地和对方绝交，并且称呼对方为吸血鬼和寄生虫。

我们很有可能会惹上像契诃夫一样的烦恼，我们也常常为那些只想着收获而不想付出的朋友感到手足无措。这样的朋友往往缺乏自知之明，一旦你求他办事，对方总是推三阻四，寻找各种各样的理由敷衍过去，要么就让你给予一些报酬。而求你办事的时候，他则没有任何表示，似乎你所做的一切都是天经地义的。他们一旦将你的利用价值榨干之后，就会毫不犹豫地将你赶走。

　　作为他们的朋友，你需要尽量避免和对方有过多的交集，必要的时候，甚至需要尽可能地和对方断绝朋友关系，因为你越是妥协和退让，越有可能因为这份感情而承受痛苦，那么最终只会让自己吃大亏。

不要结交势利眼，小心被人踩在脚底

孔子说："唯女子与小人难养也。"而小人中最难养的就是那些势利小人，这些人并没有像一些大奸大恶的人一样经常干坏事，触犯法律，多数时候他们只是在道德上受到一些谴责，但这些小人往往更难以对付，而且潜在的威胁往往也要更大一些。我们在生活中一定要懂得分辨小人，尤其是不要让他们混入朋友的队伍当中，以免惹上麻烦。

那么，我们该如何来寻找朋友圈中的小人呢？尽管小人善于隐藏，但是在平时的言行举止中还是会表现出以下几大特征：

第一，喜欢狐假虎威，仗势欺人。对于他们来说，对上阿谀奉承、趋炎附势的目的是结交权贵，然后利用权贵为自己谋取私利。对下则往往采取歧视态度，缺乏最基本的同情心，尤其是那些实力弱小的人，他可能会采取压榨的手段。就像某些人常常会攀附领导，成天跟在领导后面装腔作势，对于那些底层的同事则爱搭不理。

第二，喜欢造谣生事。势利小人常常会诋毁其他对手，以此来贬低对手，或者是衬托自己的优秀，以达到升迁的目的。如果你的工作能力很出色，那么可能会有人在领导面前吹耳边风，或者是制造一些子虚乌有的谣言来抹黑你。当你听到某某某在背后说你工作态度有问题、生活作风有问题时，你要明白对方很可能就是一个小人。

第三，见风使舵，见人说人话，见鬼说鬼话。这样的人没有什么立场，一切都是围绕利益转动，只要看到有利可图，他就会及时转变风向。今天他对你称兄道弟，事事都顺从你、支持你，而在你的对手面前，他一样会将对方说得天花乱坠，将你贬得一无是处。

第四，落井下石。对于势利小人来说，他们永远都会在最正确的时间内做出最正确的选择，一旦发现有人处于劣势，他就会毫不犹豫地补上一脚，这样做显然只是为了赢得获胜一方更多的认同。当你得势的时候，他当你是朋友，当你失势的时候，对方则会反过来攻击你。

第五，阳奉阴违，表里不一。为了生存下去，势利小人总是处于见机行事的状态，因为他需要寻找最合适的时机，需要寻找最合适的目标，因此很多时候他处于犹疑状态，表面上满口答应，可私底下始终打着自己的小算盘。

第六，喜欢推脱责任，找替死鬼。势利小人最害怕的就是惹祸上身，为了使自己摆脱嫌疑，他们往往会积极寻找替死鬼，好将矛盾转移到其他人身上。一切顺利的时候，他愿意和你一起，可是一旦出现了错误，就会将责任推到你身上，他自己则无事一身轻。

如果你的朋友不幸有了以上几种特征，那么你就要小心了，因为这个朋友很有可能就是一个势利眼的小人，他愿意和你结交，也许是因为看到你身上的利用价值，看到你正处于强势状态，一旦遇到更大的靠山，或者你失去了往日的地位，那么对方一定会毫不留情地将你放入交往的黑名单中。此外，对方还有可能因为某些利益问题反过来伤害你这个朋友，甚至联合其他对手一起对付你，这些都是需要我们谨慎防备的。

古人在对待这类小人的时候，常常采取"惹不起，躲得起"的态度，他们一方面是为了明哲保身，不希望自己的名声因为这些小人而受到影响；另一方面，他们并不信任这些小人，担心对方别有所图影响自己的发展。所以在多数时候，他们都不愿意亲近小人，即便是有求于人，也尽量和小人保持距离，防止惹上一身骚。

张居正从小就表现出了过人的智慧和才学，以至于当他13岁考举人时，受到了乡试主考官湖广巡抚顾璘赏识，顾璘了解张居正的才学后惊为天人，认为这个人将来必定会成为朝廷的栋梁之材，并解开犀带相赠于他。平时也对他照顾有加，二人也因此成了忘年交。不过顾璘自认为看过很多杰出的人才，他们都是早年得志，可是却往往因为骄傲自满而浪费了天赋，最终沦为了庸人。他担心张居正因为人生过于顺利而得意忘形，这样可能会导致人生无所作为。因此顾璘便有意磨砺他，并且强制他落榜，而直到16岁的时候，张居正才中举。

当时也有一个主考官非常欣赏张居正，可是看到张居正落榜之后，他便渐渐冷落了张居正，转而物色其他的目标。就连张居正登门拜访，对方也故意躲开，张居正一下子就心中有数了，所以此后再也没有去找过对方。

　　23岁时张居正中了进士，并很快成为庶吉士，即翰林院的储备干部，将来的前途不可限量。经过一段时间的教习，张居正转正为翰林院编修，从此平步青云，直至官拜内阁首辅。这个时候当初那位看走眼的官员找到了张居正，并且诉说当年的情谊，张居正并不说话，只是笑笑，接着以对对方印象不深为由赶走了他。实际上这只是张居正的托词，要知道他对于当年的事、当年的人都了如指掌，而且他曾多次联系顾璘和顾璘的家人，因此不可能忘记这个前来拜访的官员。

　　可能有人会认为，张居正不喜欢那些官场中的人情世故，但张居正在为人处世方面一直都很老到，像当权派严嵩以及徐阶等人都是张居正的朋友，要知道严嵩和徐阶原本就是势不两立的对手。但是张居正能够巧妙地周旋在这两个人之间，而且始终保持良好的关系，这在当时是非常困难的，也足以证明张居正的交际能力。

　　可是张居正为什么偏偏要对当初的考官如此无情呢？原因只有一个，那就是他发现对方是一个势利小人，而这样一个人留在自己身边很可能是个祸害。他担心这样的朋友很有可能在遇到更强的靠山时冷不丁地出卖自己，为了防止自己成为对方向上攀登的踏脚石，他只能敬而远之。

　　在日常生活中，我们一定要防备朋友圈中的那些势利小人，不能因为对方奉承你、巴结你，就误以为他是一个好人，其实有时候越是接近你的人越有可能心怀鬼胎。而当你发现对方有什么小人行径的时候，最好的办法就是敬而远之，减少和对方的接触，以免引狼入室，惹祸上身。在关乎核心问题和一些重要事情的处理上，千万不要让对方染指，以免被他们抓住把柄。而且千万不能让他加入自己的团队，这样的人很有可能因为私利而出卖整个团队或者破坏团队。

　　总之，对待君子，你需要诚心去交往；对待小人，则要保持高度的警惕，而且最好及时撕开他们伪装的面具，及时让他们远离自己的生活和工作，这样才能真正做到洁身自好，才能做到保护自己不受伤害。

Chapter 4
第四章

宁可跟神做对手，不可跟猪做朋友

缺乏团队意识的人，永远不会替你考虑

随着全球化的发展，如今团队合作已经成为一种非常普遍的生存策略，其重要性也越来越大，有人做过一个统计：过去50年中，财团或者企业之间的合作和结盟已经翻了13倍，即便是世界上最权威最具吸引力的奖项诺贝尔奖，现如今也越来越重视团队合作，在诺贝尔奖成立后的前25年，合作奖项占到了41%，而现在则跃至80%。

之所以出现这种抱团合作的现象，在于团队合作后的办事效率更高，竞争优势更大。当然，在组成团队的时候，最重要的是选择有团队意识的人，简单来说，就是选择那些以团队利益为先的队员。在这种情况下，很多人都会选择自己的朋友一起合作，因为大家有共同语言，而且彼此比较了解和信任，可实际上朋友并不是团队获得成功的绝对保障。

相反地我们需要好好选择朋友，对于那些愿意合作愿意一起闯荡的人，自然没有话说，可是如果你的朋友是一个自私的人，是一个只看重个人利益而罔顾团队利益的人，那么很有可能会害了你。因为这种人所做的一切都是为了满足自己的需求，都是为了满足自己的欲望，至于你和其他人，根本就不在他的考虑范围之内，他在很多时候并不会做出最有利于团队的决定，而是尽量创造自己的最大利益。这样的人往往不服从命令，往往会破坏原有的规则，甚至会为了个人的利益而出卖团队。

正因为如此，我们一定要睁大眼睛，好好看一看自己的朋友是不是真的适合当一个团队型的成员，是不是真的适合当一个为了集体而奉献自己的好队员。可能有些人认为朋友之间根本就不需要太讲究什么团队意识，朋友圈本身就是一个集体和团队，朋友之间往往有着共同的利益、理想和目标，也会存在各种各样的合作，如果有人愿意成全别人，有人愿意为整个大家庭而放弃自己的利益，那么这个人显然更容易受到其他朋友的认可。

在克莱斯勒发展的历史上，艾柯卡是一个绝对绕不开的名字，对于其他职员来说，艾柯卡不仅是一个可靠的领导者，更是一个非常注重团队精神的好朋友。最初，克莱斯勒由于常年经营不善，加上各个部门的领导各自为政，为了自己的私利搞内斗，以至于整个团队陷入瘫痪之中，并且慢慢走向破产的边缘。

就在这个时候，克莱斯勒的董事会成员看中了被福特扫地出门的艾柯卡，他们希望艾柯卡能够挽救克莱斯勒公司的颓势，而那些董事会成员和其他高管也一直关注着艾柯卡的表现，只要发现不如意的地方，就立即炒掉他。而当艾柯卡上任之后，发现公司积重难返，各种各样的问题太多，最突出的问题就是缺乏资金以及人心不齐，这两点几乎成为导致克莱斯勒濒临毁灭的"元凶"。

于是艾柯卡为了解决问题，先从自己这边入手，他率先将自己36万美元的年薪降低为1美元，这样做的目的是替公司节省一大笔开支。而当董事会成员以及其他高管看到艾柯卡做出这样的牺牲后，纷纷主动降薪，很多人甚至多年也不拿一分钱的工资。很显然大家都认为这位新来的总裁是一位真正的朋友，是一位将团队利益放在首位，且能够为其他成员考虑的好伙伴，所以大家很快就认可了他的存在。

艾柯卡成为团队的最佳代言人，同时也是好朋友的典范，这样的人愿意与你同甘共苦，愿意与你携手并进，愿意为了大家的福利去牺牲自己的利益，愿意站在团队的高度和角度来看待问题，自然而然地受到大家的欢迎，成为人人想要合作的对象。相反地，那些只顾自己，唯利是图的人，他们根本不会念及兄弟情谊，不会想到朋友之间的深情厚谊，更不会站在朋友的角度来想问题。

对于这样的朋友，你要做的就是让他远离团队、远离自己，因为他们永远都不会把团队利益放在首位，更不会在乎你的利益，弄不好整个团队会因为他的自私而受到损害。毕竟一个团队中，只有合作和配合才能创造最大的效益，而单打独斗的人往往会因为一己私利而破坏团队计划，也会成为整个团队的累赘和不稳定因素。面对这样的朋友，哪怕他的能力再强，哪怕他的功劳再大，也一样要开除，否则对于你、对于整个团队都具有很大的危害。

朋友之间的关系应该像蚂蚁一样，蚂蚁是讲究团队合作的动物，尽管它们个体力量非常有限，可是一旦结成了团队，就会变成一支强大的有办事效率的队伍。在蚂蚁家族中，每一只蚂蚁都不会闲着，每个成员都分配有特定的任务，有的成员负责搬运、筑巢、照顾蚁卵、清理巢穴，有的成员负责打仗、防卫以及追捕猎物，还有成员负责产卵。

　　在蚂蚁群体中，一切都有严格的管理制度，每个成员都在兢兢业业地为整个团队的利益而服务，这些蚂蚁没有任何的私心。正是因为这样，蚂蚁才能成为世界上种群数量最大的昆虫，同时也是办事效率最高的昆虫之一。我们在寻找朋友组成团队的时候，也应该像蚂蚁一样，寻找那些能够为团队付出和奉献的人，寻找具备蚂蚁精神的人，这样才能真正凝成一股合力。

只会向你伸手求援的人，会让你一直失去而毫无所得

使用过信用卡的人都知道，信用卡有一个最大的优势就是可以透支使用，而且信用额度越高，透支的额度越大，这样就为很多喜欢提前消费的人提供了极大的生活便利。友情也像信用卡一样，我们可以利用友情来帮助我们解决困难，偶尔超过了使用限额也无关紧要，尤其是在生活应急的时候，朋友更是值得信赖的伙伴。但是，我们不能因为这样而轻易去透支友情，去过度消费友情。

在现实生活中有很多因为透支友情而导致朋友之间关系紧张的情况，就是因为很多人本身就对友情产生了误会，他们认为朋友之间是没有什么底线的，你可以无条件地向朋友提出要求，也可以无条件地让朋友帮助自己。在这些人看来朋友就是用来依靠的，就是用来充当储备物资和后盾的，只要自己开口请求朋友帮忙，相信朋友一定不会拒绝。

话是不错，可是朋友是不是真的呼之则来，挥之则去呢？恐怕未必，每个人都是有底线的，每段友情也有自己的承受能力和承受范围，超过了这个限度和范围，就很有可能遇到友情破裂的情况，甚至引发绝交。如果你总是伸手求援，总是让你的朋友帮忙解决问题，那么两个人之间很有可能会出现问题。因为对于朋友一方来

说，他不可能忍受你无止境的盘剥和请求，他也没有义务总是为你付出一切。

帮助朋友是天经地义的，可是你是否承受得了对方一而再再而三的请求呢？面对一个只会伸手向你求助的无能朋友，你往往会感到压抑，会觉得对方是个累赘，毕竟每个人都应该尝试自己解决问题，都应该懂得自力更生，而朋友的帮助始终是非常有限的。

对我们来说，如果你纵容了朋友的这种想法，纵容了朋友肆无忌惮的索取行为，那么就可能让朋友养成一种有了依靠的坏习惯，此后他无论遇到什么问题，都会第一时间前来"劳您大驾"，这样不仅会严重影响你正常的生活，同时也会让你成为一个被人利用的奴隶，到最后你一定会被这个朋友榨干所有的价值。你拥有这些想法时，并不应该觉得不好意思，作为对方的朋友，你可以在适当的场合帮助他，但你也要明确地告诉对方你不是一个金库，不是一个他可以随时随地去里面取出财富来享用的金库。

石油大亨洛克菲勒发家致富之后，决定帮助自己的一个好朋友，因为那个人和洛克菲勒是发小，而且一起吃了很多苦，所以他希望自己可以帮助对方，好让他改善一下生活，不过朋友并未接受洛克菲勒的帮忙，而是提了一个要求，那就是让自己的儿子跟着洛克菲勒。洛克菲勒向来就很看重朋友之情，他曾经也帮助过很多朋友的孩子，让他们到自己的公司上班。所以这一次也不例外，他很快答应了这个好朋友的请求。当然，洛克菲勒并不是一个喜欢依靠裙带关系来提拔人的管理者，无论是自己的儿子还是朋友的儿子，他都要求他们依靠自己的能力去发展，不要借助自己的名声来获得晋升。

很快，洛克菲勒就将朋友的儿子安排到自己的石油公司上班，一开始这个孩子的工作表现也算不错，毕竟对方是名牌大学毕业的，相应的专业技能还是过硬的。不过有一件事让洛克菲勒感到很头疼，那就是这个人虽然天资聪敏，而且学识渊博，专业技能和学历都没有任何问题，可是他的动手能力很差，应对问题的能力更是不足。尤其是当他遇到一些比较棘手的工作时，常常会感到束手无策，于是，他只好经常去洛克菲勒的办公室求助。

一开始，洛克菲勒很耐心地帮助他解决问题，毕竟他是新人，而且又受到朋友重托，自己自然是义不容辞的。当然，为了让对方能够接受更多的锻炼，洛克菲勒还是善意地提醒他应该自己试着想一想办法，他还将一些自己的经验和方法传授给对方，而对方每次都是认真地倾听。可是，到了下一次，一旦他遇到什么难题，还是要向洛克菲勒主动伸手求援。洛克菲勒最终觉得忍无可忍，他留意了对方的行为，并且一一做了记录，从最初的如何做会议记录，到如何解决与上司的矛盾，以及一些专业领域内的难题等，以及几乎每隔一两天就会有一次的求助。

于是洛克菲勒辞掉了朋友的儿子，后来他写信给自己的好朋友，在信中他直言不讳地说："作为一个朋友，我自认为有义务将你儿子带进公司，但是作为一个商人和管理者，我不能容忍下属一而再再而三地求助，不能容忍他的无所作为，因为我不可能总是为之付出时间和精力，我更希望看到回报，看到他像一个真正的执行者一样。"

古人有"志士不饮盗泉之水，廉者不受嗟来之食"的志气，我们不一定要求朋友也要有这样的品格，可是如果有人一直向你索取，你要懂得拒绝，要懂得说"不"，你要明确向对方表明自己的态度：我可以帮你一次，两次，但是不可能永远帮你，有些事情你需要自己去解决。如果对方不能理解你，或者仍然期望在你身上得到帮助，那么你需要立即和对方摊牌，要主动远离这些动机不良的朋友。

事实上，有些人对朋友的依赖纯粹是出于利用目的，在你身边他好吃好喝，有足够的生活保障，遇到困难了，又可以由你出马代为解决，这样的人不仅缺乏自知之明，更是非常精明。他的目的就是尽可能地榨取你的剩余价值，等你没有了任何利用价值，对方很快就会和你一刀两断。对于此类心机很重的人，我们需要保持谨慎和戒备。

你可以义无反顾、一无所求地为朋友奉献自己的一切，可以用自己的奉献精神来实践和证明友情，但是如果有人故意利用你，有人只想着让你付出的话，那么你应当重新思考一下自己这么做是否合情合理。你应当及时收回自己的诚意，收敛自己的奉献精神，因为此时你越是忠于友情，越是付出，就越容易成为友情的牺牲品，成为被人利用的棋子。

从不兑现诺言的朋友，只会让你空欢喜

在中国传统文化中，诚信一直以来都是礼仪文化的核心内容，无论是亲人之间、朋友之间，还是陌生人之间，都要讲究诚信，既然把话说出去了，就要懂得信守诺言，如果背信弃义，那么就可能受到别人的排斥。

信守承诺的人往往会赢得更多人的敬重，而且别人也会对他信守承诺。比如秦末有个叫季布的人，他为人非常豪爽而且注重诚信道义，只要答应了别人的事，就一定会信守承诺。后来他得罪了汉高祖刘邦，朝廷派人追杀他，而且出重金进行悬赏，他只好躲进了朋友家中，这个朋友对他说："只要我还在这里一天，就不会让他们发现你。"最后这个朋友果然信守承诺，不仅抵制住了重金的诱惑，而且冒着诛灭九族的危险保护了季布，一时传为美谈。

这样的好朋友令人羡慕，当然在生活中，我们也常常会遇到那种说空话说假话的朋友，为了赢得你的信任，他们往往因为一时口快而许下诺言，可是到了最后，你会发现对方根本没有兑现过自己的话。面对这样的朋友，更多时候，我们会感到无奈，但更值得深思的是：这样的朋友值不值得去深交。

教育家苏霍姆林斯基认为："不能兑现的诺言是引发无耻行径的导因。"因此他提醒大家一定要注意信守诺言："如果他自动许诺什么，要倾听、要相信，但同时也要指出：如果你还不能确定自己会坚守诺言，就要慎许诺言。要切记，最坏的习惯是常常夸夸其谈，慨然许诺，却忘记它们会使心灵麻木和僵化，会使心灵不辨真伪。"这是对那些喜欢许下诺言的人的忠告，同样也是对那些被诺言欺骗的人的一种忠告，我们应该保持必要的警惕。如果你的朋友当中有人夸夸其谈，总是喜欢当面夸下海口，总是把话说得天花乱坠，却没有任何实际行动，更从来没有兑现过任何诺言，那么你与其相处时一定要慎之又慎。

老子说过一句话："轻诺必寡信。"意思是说，轻易答应别人一件事，一定没有足够的信用。那些喜欢轻易许诺于人的人往往都是"嘴皮子专家"，嘴上说得非常好，而且总是掏心掏肺，可是一到落实阶段就什么也不做，或者说干脆什么也不想做，往往放人家鸽子。面对这样的人，我们一定要善于观察，把握这些人的特征，看到那些喜欢胡吹乱侃，轻易向你许下诺言的人，一定要保持谨慎，不要轻易相信对方，姑且一笑了之，如果你抱有太高期望的话，很有可能会因此受到欺骗和伤害。

施瓦辛格在成为著名的电影明星之前，曾是一个世界闻名的健美先生，身材魁梧、气质出众的他渐渐受到了星探的关注。有一天，有一位中年男子找到施瓦辛格，他询问施瓦辛格是否愿意当电影明星。施瓦辛格当时的事业也算是达到了高峰状态，但是他明白健身行业终究也是吃青春饭，等到自己年老力衰时，很可能会被同行排挤下去。况且他喜欢挑战不同模式的生活，演电影就是他非常喜欢的一种方式。于是施瓦辛格很快同意了这个星探的建议，两个人也因此成为好朋友。

此后，这个朋友多次许诺将来要为施瓦辛格寻找一个好的导演以及好的电影剧本，从而让施瓦辛格圆自己的电影梦想。可是这个朋友的诺言没有一次变成现实，一开始施瓦辛格认为对方可能很忙，没有时间帮自己联系公司、联系导演，也没有时间将自己推向大荧幕。可是等了半年之后，对方那里依然毫无头绪，可对方仍不断地夸下海口，说要如何包装施瓦辛格，如何带他见一见顶级的导演，又或者是让他选择各种各样的电影剧本，可是到最后却没有一件事情成真。

施瓦辛格渐渐失去了耐性，觉得自己已经上当受骗了，至少这个朋友并没有将自己的事情放在心上，或者说他也许看中了其他的演员也说不定。就因为这样，他最终决定离开这个朋友，并重新回到自己的健美舞台，至少他在这个舞台上获得了成功。当施瓦辛格去意已决时，这个朋友还百般恳求，他依然许诺要让施瓦辛格尽快试镜和拍戏。可是对他知根知底的施瓦辛格显然不会在这样的人身上浪费时间了，所以最后干脆拂袖而去。

直到 1970 年，终于有制片人看上了施瓦辛格，并且许诺让他参演电影，施瓦辛格将信将疑地走进了剧组，最终在《大力士进城》这部电影中参演了一个希腊天神的角色。严格来说，在这部电影中，施瓦辛格的表演并不算精彩，但是却由此打开了他的演艺之路。到了 1984 年，他有幸出演了《终结者》，从而迅速成为好莱坞一线明星。

此后，那位第一个发现施瓦辛格的星探多次找到施瓦辛格，希望能够联手出演一部电影，对此，施瓦辛格委婉拒绝了对方所有的提议和承诺。后来施瓦辛格也说："自己当年差点儿就彻底与电影绝缘，因为没有多少人能够容忍被人欺骗半年。"很显然，他再也不希望过那种拿着空头支票而找不到地方可以兑现的日子了。

古人说一诺千金，朋友之间的诺言更应该是重于泰山的，绝对不能草率应对，更不能当成儿戏，那些轻易许下诺言的人，实际上是对朋友的一种不尊重和不负责任，而许下诺言之后却没有付诸实际行动，这更是对朋友的亵渎。只能说他们的心里根本没有这个朋友，或者他们只是把朋友当成一个临时性的伙伴，一个可以轻易忽悠的伙伴。

对于这样的人，我们如果一味相信他，那么最终只会竹篮打水一场空，无论他为你编织的梦有多么美，终究也只是一场梦，你根本没有机会去实现它们，而这对我们的感情往往是巨大的伤害。所以我们最好还是要懂得疏远那些不信守承诺的朋友，如果你渴望拥有一段正常的友情，那么就应该找一个信守承诺的人。

被朋友当成挡箭牌，受伤的只会是你

很多人平时犯了错，就喜欢找各种各样的借口和理由，而且在找借口的时候，往往喜欢把朋友往前顶，拿朋友当挡箭牌。事实上替朋友出头，原本是再正常不过的事情，可是如果你是被朋友直接拉出来出头的话，心里肯定不是滋味。就像《西游记》中的猪八戒一样，他性格软弱，能力平平，没有什么担当，每次遇到什么难题都会在第一时间找到大师兄，每次犯了错也会想办法让大师兄来顶包。

一个真正替朋友着想的人，应该是懂得替朋友分担责任、压力和痛苦的；一个真正在乎朋友的人是绝对不会让朋友卷入自己惹下的是非之中的；一个真正为朋友考虑的人，是不会把朋友拉出来遮挡风雨，而自己躲在温室中享受安逸的生活的。如果有人动不动就把朋友当作挡箭牌，那么就证明了这个人根本就不在乎朋友，根本就不在乎他的朋友到底会承受什么样的风险，因为在他看来，只要自己平安无事，那么一切就都不会成为问题。

在生活中，有些人还非常乐意被朋友拿出来当挡箭牌，因为他觉得自己受到了重视，觉得自己是不可或缺的。有些人还觉得，朋友之间难免会有一些摩擦，被人利用一次也根本不算什么，何况是朋友，所以干脆选择不闻不问，继续纵容对方。

　　这是一种极端错误的做法，因为对于你的纵容，对方可能并不会领情，而且还会变本加厉地利用你，等到你再也没有能力去帮助他抵挡压力的时候，你不要指望对方还会善待你。作为朋友，你可以大度一些、包容一些，也可以卑微一些，但是绝对不能因此受到别人的利用和欺骗，不能被人当成一种转嫁矛盾和承受压力的工具，不能被人当成盾牌来使用。

　　有时候帮助朋友遮蔽风雨也未尝不可，帮助朋友阻挡一下打击也无可非议，不过我们应该懂得把握分寸，比如对方明知道所做的事情不合乎情理，也不合乎律法和道德，还要让你出面承担，那么无疑就是在害你。拿朋友做掩护而做一些有违道德、礼法、律法的事情，是对"友情"二字最大的侮辱。这样的朋友往往不可深交，因为在很多时候，为了保护自己的利益，他会牺牲朋友的利益，会将朋友直接往火坑里推。因此，我们一定要有警觉性，千万不能被朋友轻易利用，以免最后成为别人的炮灰。

　　富兰克林小时候去朋友家做客，一开始大家都开开心心地在一起玩耍，可是朋友的母亲突然开口训斥孩子，她认为孩子不听话，平时只知道玩耍，也不好好念书。正当大家全部惊恐地站在一旁默不出声时，那个朋友突然将话题转移到富兰克林身上，他对母亲说："你为什么总是说我不够用功呢？你看看富兰克林，他就是考了最后一名也没有人说他的。你可以问问他，我的成绩可比他这样的学生好多了。"话刚一说完，其他人都忍不住哈哈大笑。

　　可是朋友的话严重伤害了富兰克林的自尊心，他原本还想着帮这个朋友解围的，却不曾料到朋友将他拉出来当挡箭牌和垫背。富兰克林感觉自己被朋友深深地侮辱和出卖了，所以那天他很生气地离开了朋友的家，从此以后再也没有找过那个朋友。不仅如此，此后他开始专心学习，努力提高自己的成绩，并慢慢成为一个学识渊博的人。

后来，富兰克林进入政界，成为一个有名的政治家和外交家。当时他的朋友很多，不过有很多人显然是冲着富兰克林的名声和地位而来。其中有一个小外交官平时一直跟着富兰克林，有什么问题也愿意向富兰克林请教，之后大家也渐渐认识了这位富兰克林的"小弟"，而且多少都愿意给他一点儿面子。

不过有一次，这个小外交官在处理某个外交事务时犯了一个错误，当时有很多人指责他，认为他的做法无异于是给政府抹黑。但是这名外交官根本就无所谓，他还搬出了富兰克林，觉得自己跟随了富兰克林那么久，自己的一举一动都是富兰克林授意的。听到他这么说，大家只能忍气吞声，不再追究。

后来有人将这件事告知了富兰克林，富兰克林听了很生气，一方面是因为那个外交官处理事情不当使国家和政府造成了严重的损失；另一方面，富兰克林觉得自己被别人当成挡箭牌很不是滋味，尽管对方也算是自己的朋友，可是如果有朋友以这样的方式对待他，无疑是一种伤害。

后来富兰克林主动找到那位外交官，然后辞掉了他，并且宣布与之绝交。很多人认为富兰克林根本没有必要小题大做，也没有必要与朋友断交，可是富兰克林认为朋友之间最重要的就是相互信任、互相帮助，而不是处处将朋友拿来当挡箭牌，不是在背地里将朋友出卖。

　　做人应该勇敢一些，遇到困难的时候，我们应该自己去迎接挑战，自己去面对强敌；当遇到困难和危险时，我们最应该做的是挡在朋友的前面去直面危机，而不是将朋友当成盾牌来使用。如果你遇见这种动不动就将朋友拉出去当挡箭牌的人，应该及时与之保持距离，因为你和他靠得越近，就越有可能被对方拉出来当肉盾。

朋友不求上进，小心被他拖后腿

心理学中有一个著名的"木桶效应"，心理学家认为木桶是由很多块木板组成的，因此盛水量也由这些木板来决定。但真正决定盛水量的是木桶中最短的那块木板，如果有一块木板很短，那么整个木桶的盛水量就会被限制住，这个很短的木板也就成为整个木桶的软肋和限制，往往会破坏整个水桶的利用价值。

"木桶效应"经常被用在团队合作中，在一个团队中，或者在整个朋友圈中，如果有人不幸成为那块短板，那么就可能会影响到整个团队的合作效率，并且拖累所有的朋友。因此，在很多时候，团队优先要考虑的事情就是帮助最弱的成员提升实力，因为只有改善了最弱的环节，才能提升整体的水平。

当然，我们也常常会遇到一些不求上进的朋友，他们并不在乎自己是否有能力，也不在乎自己处于什么样的水平，而这样的人显然会成为我们的负担，尤其是当朋友们一起合伙做生意或者创业的时候，这些没有上进心的人往往会拖人后腿，成为团队的累赘和最大的弱点，对于这样的人，我们最好将对方排除在团队之外，或者至少应该将其安放在一些无关紧要的位置上。

这不是一种势利眼，因为对于那些不求上进的人来说，你的帮助只不过是浪费时间和精力而已。其实每个人的路都要自己去走，每个人都要自觉地去提升自己的能力，如果没有那样积极的态度和想法，即便我们能够提供更多的帮助，到头来也于事无补，因为你不可能帮他走好人生的路。就像诸葛亮辅佐阿斗一样，既然阿斗没有上进心，那么诸葛亮无论怎么帮助他，最终也成不了大气候，反而拖累了自己，不仅过早地衰老，还被人指责专政夺权。

朋友总是良莠不齐的，不可能每个人都达到你所期望的高标准，我们也没有必要这样苛刻要求他们，但是有一点很重要，那就是朋友自己必须要有自知之明，要了解自己的缺点和短处，同时要激励自己不断提高自身的能力和水平。这种自觉性其实应该是朋友之间具备的一种默契，如果你不想成为别人的负担和拖累，那么就需要主动完善和强化自己。如果你总是抱着无所谓的态度，总是想着依靠别人，那么别人同样会反感你的存在。

2009年，金融风暴的危机还未过去，美国加利福尼亚州的几个年轻人准备成立一家专门为科技公司提供创意的公司，这样的公司虽然并不多，但竞争也很激烈，而且很多公司根本就无须依靠这样的创意公司来生存和发展，像谷歌、苹果那样的大公司，它们自己就有很好的创意部门，有专门的人才专攻这一领域，不过对于其他小一点的公司来说，则未必有那样的实力。

当几个年轻人斗志昂扬，准备大干一场时，他们很快就发现了一个问题，那就是其中一个伙伴非常贪玩，一有空儿就坐在电脑旁玩游戏，而且这个朋友并没有什么危机意识，也缺乏上进心，无论做什么事只要达到说得过去的水平就行了，从来没有想过要更上一层楼。可是随着科学技术的发展，创新意识成为整个科技行业最重要的因素，因为只有创新才能更好地吸引大众的眼球，才能为市场提供更多意想不到的技术和产品，因此每个搞创意的人都需要不断进步和突破，这是一个巨大的挑战，对整个公司的团队来说，都是很重要的。

正因为这样，朋友们多次提醒这位队员，希望他能够以大局为重，毕竟整个团队需要保持发展的势头，需要不断地进步和提高，如果有人始终原地不动，那么无疑会拖累团队的发展脚步。这个队员虽然满口答应，但是每次都还是老样子，看上去并没有想要改进和完善自我的意思。为了不影响团队的效率，大家只能将这个朋友踢出团队，可是这个朋友不甘心就此被踢出去，于是向法院提起诉讼，反过来状告公司，结果胜诉，直接导致这家公司支付高达 300 万美元的违约金。这样一笔钱对刚刚起步没多久的公司而言，无疑是巨大的负担。好在甲骨文公司后来收购了这家公司，解决了几个年轻人的燃眉之急，而他们在甲骨文公司的资助下重新开始运营，并且获得了不小的成就。

事实上，那些弱势的朋友常常会成为一种负担，当然，作为朋友，我们需要对其他人负责，需要主动去帮助他们提升实力和水平。但是这种负责并不是一种义务，也不应该被当成一种义务。更重要的是我们通常只对需要帮助的人负责，对于那些自甘堕落、不求上进的人，我们的责任感只会不断纵容他们，而对方也一定会慢慢拖垮你。

有个慈善家曾经说过："作为一个慈善家，我只帮助那些在泥地里挣扎，并试图往外爬的人，而不是那些陷入泥潭却自暴自弃打盹的人。"在这个慈善家看来，真正值得帮助的应该是暂时郁郁不得志或者陷入困境，但是却有人生目标和进取精神的人，而不是那些扶不上墙的烂泥，不是那些打定主意让你搀扶着站起来的弱者。对于朋友也是一样，我们愿意帮助那些能力不足但是有上进心的人，至于那些缺乏进取精神且甘于沉沦的朋友，最好还是敬而远之，否则等到对方缠在你身上，你一定会被他拖下水的。

胆怯懦弱的人，你要谨防被他拖下水

在竞争变得日益激烈的社会中，谁都希望自己身边站着勇士，因为在勇士面前你才会变成勇士，才会更有信心去拼搏和厮杀，反过来说，如果你身边的人都是胆小鬼和懦夫，那么最终你会失去竞争优势。

这就像在战场上打仗一样，当你准备和别人决一死战的时候，如果身边的战友开始胆怯，犹豫不前甚至是后退逃跑，相信你的内心也容易受到动摇，军心必然会涣散。

现在，有很多人都喜欢找那些敢闯敢干的朋友当合作伙伴，原因在于勇敢的人往往会为你提供强大的精神支持，而且他们能够激励你不断向前、不断进步，双方往往会形成相互鼓励、相互促进、相互扶持的效应。

而一旦和那些胆小鬼与懦夫在一起，你的自信心会受到影响，彼此之间的团结协作能力也会大打折扣。

在第二次世界大战中，英法美盟军在北非战场和德军交战，当时德军的闪电战非常奏效，它在欧洲战场已经证明了其强大的攻击能力，到了北非，这种战术依然极大地打击了盟军的士气。可以说在很长一段时间内，德军都在以少胜多，而且很快占领了大部分的土地，盟军只能节节败退。

巴顿将军到达战场后，看到双方的战斗，毫不客气地指责蒙哥马利将军不具备胆识，他讥讽美国的这些朋友打得像个娘们儿一样，被德国佬追着到处跑。

正因为这样，蒙哥马利开始和巴顿心生嫌隙，但是巴顿将军的话并非毫无道理，因为在当时的战场上，德国人的攻势非常猛烈，而盟军常常在强敌面前被打得不知所措，有的士兵甚至一直往后撤，这影响了士气，导致整个军队丧失了战斗力。

看到这样的情况，巴顿将军对盟军士兵进行了训斥，他大声吼道："我看了你们的表演，真的是一堆狗屎，我不知道你们是怎么配合的，这样的朋友军队是怎样形成的。"在巴顿看来，战场上的懦夫是可耻的，因为你会将你的兄弟、朋友、战友推向危险的境地。当巴顿接管军队之后，开始鼓舞士兵不断向前冲，不断去拼搏和冲刺。如果发现有人退却或者胆怯，那么就坚决地让这些士兵滚出战场，并且要受到严惩。在巴顿将军的治理下，盟军的战斗意识以及勇气都得到了很大的提升，并最终扭转了战场的局势。

拿破仑在训斥士兵的时候说道："如果你感到害怕，那么首先要看一看你的身边是否有孩子，是否有女人，是否有同伴。"反过来说，如果我们的身边有人感到害怕，那么我们也一定要做好防备，一旦朋友感到怯懦，我们也必定会受到影响。

在日常生活中，当我们和朋友一起为了某个共同的目标而奋斗时，最重要的就是坚持一心、共同进退。正因为这样，我们在选择盟友、选择合作伙伴的时候，一定要慎之又慎，千万不能被那些胆小鬼所绑架，否则到最后很有可能因为某个环节出错而导致全员受到影响。

俄国作家列夫·托尔斯泰曾经说过："一个人永远不要和小人以及懦夫为伍，因为他们最终会很快将你腐蚀，会成为你最大的威胁。"

胆小的朋友会消磨你的斗志，还会增加你受伤的风险，因为当对方退却的时候，你将面临更强大的攻势，你所面临的处境也会更加艰险。

这就像几个人顶着某个压力一样，一旦有人撤走双手，那么你身上的压力无疑会更大，甚至会因此而受伤。

除此之外，胆小怕事的人往往犹豫不决，缺少勇气，这样会破坏朋友之间的团队合作，尤其是整个团队往往缺一不可，如果有人出现了问题，那么将会对所有成员造成重大的影响，会对整个团队的运作造成致命的打击。

有位哲学家说过："当你身边站着羊群时，你会很快变成一只羊。当你站在狮群中时，你会变成一头狮子。"

很多科学家都做过一个有趣的实验，他们将一只老虎放在牛群中豢养，结果老虎很快在牛群中失去原有的威武气质。当科学家又放入几只猎犬去追逐牛群的时候，所有的牛吓得四处逃散，而老虎原本还会摆出战斗的姿态，可是看着牛群到处逃跑，它很快也被吓跑了。老虎大概已经忘了自己是百兽之王，其实根本就不用害怕那些猎犬，只不过它被懦弱的牛群影响了斗志。

　　正因为如此，如果我们想要保持工作的积极性，想要保持足够的勇气和信心，那么就要懂得淘汰那些胆小的朋友，就要懂得想办法和那些勇敢的朋友在一起，这样对我们的生存和发展才能够起到积极的作用。

第五章

你交往的朋友，决定你的人生是什么样子

朋友的高度决定你的高度

我们都知道环境对人的影响非常大，尤其是朋友之间的影响更是突出，人际学研究人员曾经发现一个非常有趣的现象：将和你联系最紧密的六个朋友的全部收入加起来除以六，就是你个人的收入。这样的结果证明了一件事，那就是个人的收入和发展其实是和自己的朋友息息相关的，也就是说朋友的收入水平和生活水平往往决定着你的生活水平，朋友的高度往往决定着你的高度。

比如我们常常会发现一件事，那就是如果一个人的好朋友都是富人的话，那么这个人的经济条件一定非常好，相反地，如果一个人的朋友全部是穷人，那么多数情况下，他自己也是一个穷人。事实上，我们的环境决定了我们所处的社会地位，而我们的朋友更是决定了我们的前程。都说"物以类聚，人以群分"，你自己是什么样的人，你的朋友也八九不离十，反过来说，你的朋友为人怎么样，你也和他们差不多，你们之所以能够在一起，本身就证明你们很可能处于同一水平线上。

另一方面的原因则在于朋友的生活方式和思维方式很容易对个人造成影响，如果你的朋友都具备很强的挣钱能力，那么你也会耳濡目染，很快就掌握致富的技巧，如果你的朋友都是富翁，那么他们的财富理念也会影响到你。而且朋友的能力越强、社会地位越高，证明你所能得到的帮助越多，他们会用自己的能力、资源和其他方面的优势来帮助你更快地得到自己想要的东西。

可以说你的朋友是什么人，你就可能成为什么人，所以如果你想让自己更成功一些，让自己变得更富有，让自己成为最聪明的人，那么你不能仅仅依靠个人的努力，还要懂得提高朋友的档次，你应该找一些更具实力的朋友。只有这样，你才有机会在一个高水平、高层次的圈子里不断成长，最终成为一个高水平的人。

交朋友当然不能戴着有色眼镜看人，也不能将人分成三六九等来对待，但是从发展的角度来看，寻找那些更具潜质也更加成功的朋友，无疑会对自己更为有利。交朋友有时候应该带一些功利性，要懂得交一些对自己的事业和前途有帮助的人，这并没有什么不妥。一个成功人士，他身边的朋友往往都不会太弱，你可以看看比尔·盖茨的朋友，可以看看施密特的朋友，可以看看马云都和什么样的人交朋友，可以看看扎克伯格的朋友都是哪些人，这些人的成功不仅仅是个人性质的，而是一种群体性的成功，他们身上的荣耀和群体性的荣耀相关联，拥有那样的朋友，他们自己自然也不会差到哪里去。

股神巴菲特被认为是股市中的传奇人物，但最初他并不擅长炒股，也不懂投资，完全就是一个门外汉，他的朋友当中也没有人会炒股，所以他一开始并没有接触股市。那时候他脑子里的想法和朋友们一样，就是努力工作然后挣钱养家，顺便娶个媳妇安安稳稳过日子。不过有一次，巴菲特突然想去股市试试运气，于是拿着一笔钱去买股票，当时他看中了一只涨势不错的股票，就准备大量买入。这时旁边有个炒股的人劝他不要买入，他觉得这只股票虽然暂时涨势很好，但是用不了多久必定会下跌，毕竟这只股票一直涨上去是非常不正常的。

巴菲特却没有听进去，他觉得这个人很可能只是吓唬自己，或者是别有用心，再说了其他人都在购买这只股票，没有人觉得不妥，难不成大家都是错的？他坚定地认为自己购买的股票很多人都在买进，看上去应该还有很大的上升空间，因此他选择了一意孤行。可是不久之后，股票开始迅速下跌，巴菲特的钱全部被套了进去，最后几乎亏得血本无归，这个时候，他才意识到自己是多么的愚蠢，也非常后悔没有听那个善意的忠告。

这次失败的投资让他意识到自身的不足，于是干脆跟着那个人学习投资技巧，两个人很快成为要好的朋友，巴菲特也结交了其他善于炒股的人，跟着这些成功人士学习经验，几个人经常在一起相互探讨。在朋友们的影响之下，巴菲特也渐渐成为股市中的牛人，并最终成为人人敬仰的股神。

由此可见，不同的社交群体对个人的发展会造成很大的影响，尤其是朋友圈，更是决定了我们人生的高度，你的朋友处于什么状态，你往往也会处于什么状态。我们都知道孟母三迁的故事，其实孟母之所以经常搬家，原因在于环境对孩子的影响过大，当孟母发现和孟子在一块玩耍和读书的朋友都缺乏上进心时，孟母认为其他孩子的不良习气会影响儿子的学业，于是就想方设法换一个环境。这样接二连三地搬迁，直到找到一个适合孟子成长的地方，她才罢休。试想一下，如果孟子待在原来的地方不走，那么他就可能和其他小伙伴一样，每天沉迷玩乐，缺乏专注力，缺乏上进心和抱负，那么最终也就不可能成为一代儒学大师。

其实交朋友历来是中国传统文化中的一个部分，比如很多父母和孟母一样，非常担心自己的孩子被其他人带坏，因此总是千方百计地告诫孩子们要和那些心地善良、品学兼优的人交朋友，不要和那些不三不四、胸无大志的人在一起。正是因为朋友对个人的影响往往非常大，他们很可能会影响你一生的发展，所以我们在交友的时候一定要慎重一些，要懂得交善友，要交一些有档次、有水准的朋友，当你的朋友都站得比较高时，你没有理由会停留在低水平的层面上。

你将来会不会富贵要看你最亲密的朋友怎么样

有人说狼是绝对不会和羊成为朋友的，因为狼天性就喜欢进攻和厮杀，性格刚强，而羊则是弱小势力，这两者根本没有办法待在一起，任何强大的东西往往都是和另一种强大的势力紧密联系在一起的。比尔·盖茨最亲密的合作伙伴是保罗·艾伦，尼克松最亲密的好帮手是基辛格，马云的密友是孙正义，林肯的好朋友则是格兰特将军，马克思一生的挚友是恩格斯，这些人都成就了一番伟大的功业，而他们的伙伴同样都是不可多得的人才，都是能力出众的奇才。

作家萨特说："最亲密的朋友就是你的一面镜子。"你的朋友是怎样的人，那么你很可能也是怎样的人，所以你要想知道自己有没有福气，是不是能够富贵加身，那么就要懂得观察一下自己最亲密的朋友，看看他们是否具备富贵加身的特质，看看他们是否都是强者。

也许很多人会对此提出疑问，毕竟这个世界上有很多朋友，他们之间差距非常大，比如毕加索就和理发师建立了朋友关系，达·芬奇的好朋友是三教九流的人物。这些情况当然存在，但绝对是少数，而且毕加索最好的朋友不见得就是这个理发师，达·芬奇也不大可能和三教九流的人最亲密，因为他们本身都是艺术家，都是成功人士，他们具有自己的思维和世界观，对于艺术的领悟力也是不一样的，这些绝对不是理发师之类的人能够理解的，只有具备共同语言或者能力相近的人才有可能聊到一块去。

而且很多名人和其他低层次的人交往更是证明他们的道德水平很高，不过从生存和发展的角度来说，一个超级大富豪不大可能和一个穷人成为莫逆之交，因为最了解他的人，不大可能是个穷人。反过来说，他最亲密的人也不大可能一无所有。每个人都在选择最适合自己的人，这种选择并不是道德或者修养可以完全替代的，更多的还要看个人的价值观和思维方式。

既然是最亲密的朋友，那么你们两个人一定无话不谈，且具有共同的人生目标或者生活信仰，彼此之间的影响也一定是最大的。如果你的朋友很强大，那么你会间接地受到影响，会不断进步，不断提高自己，你们会互相激励，相互促进，因为只有这样双方才有机会在同一层面对话，也才会存在很多共同的话题。如果你的朋友没有钱，也缺乏上进心，每天都唉声叹气，为一些鸡毛蒜皮的小事而唠唠叨叨，没有长远的目光，那么你们两个人在一起议论最多的不会是理想，也不会是事业，很可能只是一些无关紧要的小事。你可能也会安于现状，不思进取。

有个美国富豪年轻的时候穷困潦倒，每天只能和好朋友们一起将自己种下的土豆拉出去卖。有一天，他看到有人开着一辆凯迪拉克从镇上经过，他非常羡慕，于是就问别人开车的人是谁，别人告诉他说车主是一个企业家。看着汽车远去，他的心里很不是滋味。

回家后，他突然问自己的母亲："为什么别人开着好车，而我却在这里卖土豆？"母亲听了并没有什么表情，只是淡淡地说："这有什么不对吗？你的邻居在卖土豆，你最好的朋友也在卖土豆，不卖土豆的话，你觉得自己会怎样？"听完母亲的话，他突然意识到自己其实就处在一个卖土豆的环境中，他最好的朋友每天说的都是土豆的事，想的也全部是土豆，这无疑也影响到了他自己的生活视野。

几天之后他就告别了母亲和好朋友，只身前往纽约，通过打拼和努力，他进入某公司，并且很快和公司的一个同事成为好朋友，两个人几乎无话不谈。而这个朋友很有想法，一直都梦想着成为这家公司的总裁，因此这两个人在一起总是有很多共同的话题，卖土豆的年轻人就像找到了知音一样。此后两个人互相鼓励、相互比较，一直努力奋斗，十年之后，他成为纽约皇后区最大的服装城老板，而他的朋友也如愿成为那家公司的总裁。后来他回忆说："如果我继续和那些最好的朋友一起卖土豆，也许我还是会很快乐，但是绝对不会像今天一样成功，毕竟后来我找到了一个懂得把握成功的朋友。"

心理学家经过多年的研究发现人际关系中存在一种微妙的同化效应，比如当一对男女相恋并结婚后，长时间的相处会导致彼此被同化，也就是说双方的性格、思维和生活习惯会发生改变，会趋于相同或者相近的水平。而这种情况在密友之间也会发生，你最好的朋友具备何种特质，你往往也会接近这种特质，这就是一种同化后的效果。

因此，我们在选择朋友的时候，一定要懂得选择一个有上进心、有远大志向、有拼搏精神的人，这种人能够陪着你一同成长，能够激励你成为最出色的人。

选朋友要选那些人脉广的朋友

我们常常说"朋友的朋友也是你的朋友",这句话很重要,也很正确,事实上,在人际交往的过程中,我们不应该狭隘地理解"朋友",不能认为交朋友就是认识一个人,就是借助一个人的力量。其实朋友也拥有自己的生活圈和交际圈,很多时候你应该主动进入他的交际圈,这样才能更好地了解你的朋友,也才能更好地借助他手中的资源。

汽车销售大王乔·吉拉德有一条著名的"250定律",他认为每一个人的身后都站着大约250个人,这些人包括亲戚、朋友、邻居、同事,实际上这些人构成了朋友的交际圈和生活圈,所以乔·吉拉德认为一个人想要成功,不要轻易忽视任何一名顾客,不能忽视任何一位朋友,因为每一名顾客都是一个人脉资源,而且这份人脉资源的背后往往还拥有一个更为庞大和复杂的交际群体,你把握好每一份资源就等于把握了掌握250份资源的机会,等于间接地积累了250份人力资源。

乔·吉拉德正是依靠"250定律"才获得成功,因此我们在生活中也应该注意利用好这个定律,要尽量挖掘朋友身后隐藏的巨大人力资源,为了获得更多的帮助,我们还应该主动寻找和选择那些有圈子、有优质人脉的朋友,要寻找社会层次比较高或者能力比较出众的人。当你的朋友认识的人越多,认识的人越有地位和实力,那么你所能得到的帮助也会越大,你成功的机会也会越多。

　　有人做过一项统计，发现世界上人际关系最牢靠的地方当属西点军校，只要你的朋友身处西点军校，或者你朋友的朋友在西点军校，那么你所能得到的帮助就很大。西点军校对美国的历史起到了非常重要的影响，它为美国培养了很多的总统、将军以及成功的商人，因此西点军校校友绝对是强大的后盾，而西点军校向来注重互帮互助，注重团队协作，因此只要有人和西点军校扯上一些联系，那么就很可能受到照顾。对于务实的美国人来说，如果你或者你的朋友在西点军校中认识人，那么你人生的运作可能就要简单许多了，事实上很多成功人士通过西点军校中的朋友关系来为自己的事业牵线搭桥。

　　第二次世界大战中的布莱雷将军并不是一个很有名气的人，但是他最终却压倒巴顿成为负责诺曼底登陆主攻任务的指挥者，有人说很大一部分原因在于他有一些朋友在西点军校有很强的后盾和背景，因此他通过这层关系使艾森豪威尔将军将指挥权交到自己手上。事实上，无论真实情况怎样，有一点不能忽视，那就是布莱雷和艾森豪威尔一样也出身于西点军校，而且布莱雷的朋友在西点军校中的确交际广泛。

　　这个社会离不开人际关系，每个人都需要朋友，我们经常说做人要结交良朋好友，所谓的良朋好友不仅仅是人品出众，更应该是能够帮助你的人，即便他没有办法直接帮助你，也会借助自己的关系来帮你。我们应该多认识这样的朋友，应该多结交那些人脉广泛的好朋友，你朋友认识的人越多，你的朋友圈就会越大，你朋友认识的人越强大，你的人力资源就会越具有优势。对于任何一个人而言，不一定非要寻找那些最优秀的人当朋友，但是我们至少可以通过朋友打开一扇窗，以此来接触更多更优秀的人。

重视和重点联系有远见卓识的朋友

很多人的成功往往只是昙花一现，不能长久地保持良好的势头和状态；很多人在投资过程中只注重暂时的利益，缺乏更为长远的思考；很多人遭遇挫折后立即变得消极，没有勇气继续前进；有的人只能看到眼前的表象，却无法预测未来的走势，因此总是急于出手。其实之所以会出现这样的情况，原因在于我们缺乏远见，我们没有长远的眼光和思考，因此难以把握大局，难以获得长久的发展。

正因为这样，我们需要一个好朋友为自己指路，需要一个能够看得更为长远，能够顾全大局的好朋友来指引我们，需要为自己寻找一双更为敏锐和聪慧的眼睛。有人说过："和投机商成为朋友，你不会成为真正的投资人。"投机商向来就注重眼前利益，不懂得放长线钓大鱼，和这样的人在一起，我们的视野和思维就会受到限制。相反，如果我们和那些富有远见的投资家在一起，我们也能够看得更为长远一些。

著名的金融家索罗斯，他可能是这个世界上最臭名昭著的投资家，他曾经在亚洲金融危机中推波助澜，让许多亚洲国家陷入灾难，他还在格鲁吉亚的玫瑰革命中扮演了重要角色，所以至今仍有一些国家禁止索罗斯入境。但是不可否认的是索罗斯是当代最有能力的投资人之一，他对于资本运作和投资的技巧，鲜有人能及。

而说起索罗斯的成功，就不得不提他的好朋友罗杰斯。罗杰斯是华尔街的风云人物，他甚至被认为是世界上最富远见的国际投资家，具有非凡的投资眼光，很多人说索罗斯充其量就是一个投机者，而罗杰斯才算是真正具有投资大脑的大人物。索罗斯当年也正是看中了罗杰斯的远见，才愿意和对方创立量子基金，为了维持基金的运作，索罗斯负责买卖证券，而罗杰斯则负责自己擅长的证券分析，以确保能够进行长远投资。和其他投资人不一样的是，罗杰斯非常注重将投资眼光放得更为长远一些，他不会为了一时的利益而冲动行事，而且他还懂得综合整个世界的股票信息，以此来评估自己的策略。

比如，1984 年，奥地利股市大跌，很多人纷纷撤走投资，但是罗杰斯经过观察之后，预见奥地利的行情必定会大涨，股市很快就会振兴起来，于是就在众人撤资的时候，乘虚而入，几乎买空了奥地利的股票和债券。结果到了第二年，奥地利股市开始升温，指数上升了 145%，罗杰斯因此收获了巨额的利益，他也被誉为"奥地利股市之父"。而 1988 年，他发现狂热的日本股市背后隐藏着暴跌的危机，于是迅速卖空自己的股票，结果日本股市果然发生暴跌现象，而他不仅逃过一劫，更是获益匪浅。而在这几次股市投资中，他的朋友索罗斯也跟着他收获了巨大的经济利益。

正因为具备非同寻常的战略眼光，罗杰斯总是能够在投资领域获得成功，很多人认为罗杰斯为量子基金指明了道路，他引领基金连续十年的平均收益超过了 50%，创造了不可复制的奇迹，这不仅成就了他自己的财富神话，也帮助索罗斯成为金融大鳄。

　　其实只要细心观察一下那些成功人士，就知道他们都是见识非凡、富有远见的人，他们不会轻易被眼前的状况所迷惑，总是会把目光放到更远的地方来分析和思考问题。他们很可能一时之间无利可图，很可能会遭遇暂时的失败和挫折，很可能会陷入人生的低谷，也很可能会付出很大的成本，但是对于长远目标的追求和长远利益的把握，总是能够使他们安然度过眼前，总是能够帮助他们发现更大的机会，坚定地向着更远的目标进发。

　　我们想要成为这样的人，就需要懂得跟随那些有远见的人，跟随那些懂得长线投资的人，我们可以从他们身上学习这些技巧，可以吸取宝贵的经验，也能够了解和掌握他人的人生态度和思维方式。刘备本身不具备什么才能，总是屡战屡败，最后因为没有出路才找到了诸葛亮，而诸葛亮具备大局观和非凡的战略部署能力，因此帮助刘备成就了帝业。

　　都说站得高，才能看得远，能够登上高峰的人通常都具备远见卓识，他们对于事物发展的预见和认识往往很有深度，能够透过现象看到事物的本质，从而做出最准确的判断。如果你想要成为一个成功的人，那么就需要具备这种远见，而最佳的学习途径就是找一个有眼光的好朋友，你要和那些真正善于长远投资的人在一起，要懂得关注那些有远见的朋友，他们往往能够比你看得更远更深，能够发现更大的商机，也能够规避更多的风险，有这样的指路人存在，我们才不容易迷失自己。

优势互补的朋友让你终生受益

很多社会学家认为如今的人们在交际过程中容易越走越窄，原因在于我们很容易受到临近位置、接触频率、意趣相投等因素的影响，我们的交往会过多地趋同于和自己相似或者相近的人，这样一来，交友选择自然就会越来越窄。事实上，在交友的过程中，我们还可以多做一些选择，比如说选择那些和自己互补的人。

其实，很多心理学家都认为，如果按照人的需要来说，那么决定交往对象的主要因素应该是互补性，两个人能够互补才能相互完善，这样才能有效达到共同发展的目的。事实上每个人都存在一定的缺陷，每个人身上都可能存在不足，而这些不足很有可能成为限制我们进一步发展的枷锁，因此我们应该找到一个能够对自身缺陷进行补充的朋友，找一个最合适的人进行互补，这样双方可以各取所长，从而达到最佳的合作状态。

比如乔布斯和库克就是一对互补的朋友，乔布斯善于创新，但是过于冒进，而库克则沉稳有余，灵动不足；乔布斯善于开发，但不善于营销，而库克是营销方面的专家，产品开发则是短板；乔布斯独裁专制，喜欢竞争，但是眼光独到，库克更为平和民主，推崇合作，不过缺乏创造力。这两个人缺一不可，他们合在一起才成就了苹果的神话。

　　有关这种互补性，存在很多的选择，比如乔布斯和库克之间的性格互补，还有性别互补，都说男女搭配，干活不累，经常和异性结交朋友，也能形成互补，因为男女之间的生活方式、行为模式、性格、思维、心理都不一样，比如女性以柔和为主，男性则过于刚强，当异性之间形成朋友关系时，你完全可以刚柔并济。性别互补是日常工作中非常常见的现象，很多公司会安排不同性别的员工一起办公，这样往往可以有效提高办事效率。

　　而除了性别互补之外，年龄上的互补也是一种有效的交友选择。比如说老年人和年轻人交朋友，也就是所谓的忘年交，忘年交的好处在于可以很好地综合不同年龄段的人的优势，比如年轻人具备更多的创造性、勇气以及信心，缺陷是冲动浮躁，缺乏毅力和耐性；而年长一些的人则更加理性和稳重，经验丰富，但缺点是缺乏活力和动力，创造力不够。如果将两种人搭配起来，就可以做到相互补充和监督，年长的人会帮助年轻人走路，会帮助年轻人进行自我克制，防止出现太多的冒失行为。而年轻人则给老年人带来了更多的活力和干劲，可以更好地完成任务。

　　事实上，想要结成互补关系，不一定非要那种性格迥异的朋友，也不一定非要那种完全相反的性格，其实所谓的互补就是一种补充。你需要寻找不同的人来交朋友，需要寻找那些不同类型和不同层次的人进行交际。有些学者曾经提出一个人事关系乘法法则，他们认为当两个不同的人合在一起成为朋友的时候，彼此都可以获得大量的信息，而这些信息能够帮助我们进行更多创造性的活动。比如说，你的个人能力是 5，对方的能力也是 5，两个人的能力大概会形成类似 5 加 5 等于 10 的局面，而当两个人经过亲密接触和交流之后，双方交换后所掌握的信息很可能就是 5 乘以 5，这种合作所产生的效果最终会比单独行动高出很多。

科学家曾经做过一个实验，让几对朋友一起完成某个任务，这些朋友中，有些人是性格相近、意趣相投的同类型人，有些则是性格兴趣完全相反的两类人。当这几对朋友都完成任务后，研究人员发现，意趣相投的人合作的热情更高一些，向心力很强，完成工作任务的速度也比较快，但是犯下的错误基本比较明显，很显然他们都具备相似的价值观和想法，所以工作的过程中容易犯下相同的错误。而那些完全相反或者互补的朋友，他们完成任务的时间同样很短，尽管一开始会发生分歧，但之后的分工非常明确，效果也非常好，而且这些人的犯错率特别低，整体的稳定性非常好。

事实上这个实验就证明了一点，那就是互补性强的人成为朋友后能够尽可能地扬长避短，可以更高效地完成任务。这种搭配往往可以促使双方的能力最大化，可以使双方的利益实现最大化，因此我们在日常的交友过程中，一定要懂得替自己寻找一个互补的人，当你发现自己的朋友拥有自己所不具备的优势，而你却拥有对方不具备的优势时，彼此之间的联系会越来越紧密，相互之间的作用和价值也会增加。

和可以一起做生意的人做朋友

庄子有云："君子之交淡若水，小人之交甘若醴。"在庄子看来，朋友之间的交往就应该清清白白的，不能掺杂任何利益关系，不过事实上想要没有任何功利性地和别人交朋友似乎不大可能，而且朋友之间存在利益关系也未必就是什么坏事。很多时候彼此之间的利益获取反而能够促进友谊，而且因为共同利益的存在，两个人反而能够互相激励、互相帮助、互相提高和成长。

很多人认为找朋友的话，就应该找那些和自己合得来，而且能够和自己一同创业、一起做生意的人。事实上，很多成功的商人和企业家都找到了适合在一起做生意的朋友，他们之所以获得成功，就是因为朋友也是一个高手，也是一个生意场上的潜力股，正因为如此，他们才会携手并进，获得更大的成功。阿里巴巴是马云和自己的几个朋友一起投资创办的，微软是盖茨和艾伦一起创办的，两个人甚至都退了学，扎克伯格则和老朋友爱德华一起管理 Face book 公司，并迅速成为年轻的大富豪。

这种兄弟或者朋友共同经营的生意模式其实很早就存在了，比如刘备、关羽、张飞三兄弟就是因为树立了共同的目标，希望干出一番大事业，所以才会桃园结义，之后共享荣华富贵。而周瑜和孙策也是这种类型，两个人一起图谋发展，壮大了东吴的军力和实力。

古希腊唯物主义哲学家德谟克利特认为："一切的亲人并不都是朋友，而只有那些有共同利益关系的才是朋友。"他将朋友等同于利益的结合体，听起来不免有些世俗，但是实际上德谟克利特指出了一种最佳的交友模式，那就是利益和友情的捆绑模式。其实很多人担心利益上的纠纷会影响友情，但反过来说，一个真正的朋友，是不太可能因为经济问题和你闹翻的，除非你们的关系真的那么经不起世俗的考验。

其实，人一生可交的朋友很多，类型也很多，不过朋友原本就是用来共进退的，原本就是用来相互鼓励、共同发展的，而一起做生意无疑是一个非常好的契机，能够将两个人更好地融合和捆绑在一起，所以找那些能够一起做生意、一起奋斗创业的人做朋友，能够很好地促进个人的发展。

有个著名的经济学家曾经提出一种有关樵夫和渔夫的生存理论，他认为砍柴的人一般只懂得和农夫、樵夫或者猎人打交道，他们的生活局限性很强，所以个人生活模式基本不容易发生改变。捕鱼的人也是如此，他们经常和渔夫、船夫打交道，因此自己的生活很难脱离这些人群，也不容易发生改变。但是如果他们能够和别人做生意，能够和那些做生意的人成为朋友，那么樵夫的柴火可以贩卖到市场，他也可以走出深山扩展自己的视野，或者成为一个贩运木材的商人。如果渔夫能够和贩鱼的人一起做生意，他也许可以做好外贸工作，可以走向大海的另一边。

可以说做生意就是一种改变生活的契机，当然你需要找一个愿意且适合与你做生意的朋友，只有这样你才能够真正找到一个生意伙伴，才能共同改变生活，创造更大的事业。毕竟两个人如果能够合伙做生意，就证明你们之间存在某种共同的特质，存在共同的想法和目标，拥有相似的价值观和人生观，就证明你们能够同心协力去拼搏，如此一来就能够互相学习，能够开阔视野、改变固有的思维，同时由于存在经济利益上的联系，两个人的关系也一定会更加紧密。

事实上，那些做生意的人，天生就对利益非常敏感，具有非常敏锐的嗅觉，能够发现商机，这些人的学习能力特别强，执行力往往也是一流的，因为只有执行下去才会有经济利益。此外，做生意的人具有比较好的沟通交流意识，不会总是把问题放在心里，这种人还善于付出，因为他们知道付出才会有回报。你经常和这样的人在一起交流、合作，那么能够掌握到的知识一定很多，吸取的人生经验也会更加丰富，你的心态和生活方式也会发生改变。

甲骨文公司的老总拉里森是有名的狂人，他曾经在耶鲁大学的演讲中直接说上大学的都是废物，没有任何前途，结果直接被保安轰下台；他还数次提到自己只和那些有钱人、生意伙伴称兄道弟，至于其他人，他是不会看在眼里的。尽管拉里森不招人喜欢，可是他的确是一个成功的商人，而且几乎很少有谁能够像他一样成功。拉里森原本也是一个好学生，但是他却喜欢做生意，喜欢和那些有生意头脑的人交往，所以最后他干脆退学去创业，结果跟着那些生意人学习到了致富的方法，掌握了成功的技巧，最终比自己所有的同学都更加出色。

很多人会认为刻意结交那些有生意头脑的人似乎有些势利眼，

难道那些不能和自己做生意的普通人就不配成为朋友吗？事实并非如此，其实交朋友并没有什么限制，也不应该有什么限制，但是每个人都应该有优先选择权，在最佳的情况下，你要选择谁来做自己的朋友，这是一种非常正常的现象，我们没有必要大做文章。结交富人、结交生意人，这些都是一种优化选择策略，根本就与道德无关。所以我们应该抛弃这种成见，应该果敢地做出最合理的选择，既然做生意的朋友能够给自己带来很大的帮助，那么我们就不应该有什么顾忌，应该主动去结交这样的人。

结交比自己身份高的人，他会助你一臂之力

美国的社会行为学家亚当斯曾经说过：当你的朋友圈中有一到两个能力出众、地位出众的人，那么你成功的机会将会增加30%；当你的朋友中有一半的人比你强时，你得到提升的机会将增加70%；当你的朋友都是这个社会的精英时，你几乎没有理由不成为另一个精英。当你的朋友是社会优秀人士的时候，你通常也会得到更多的帮助。

很多人认为朋友之间的关系就像水库和江河一样，当水库里的水位很低的时候，河水会及时补充进来，以此提高你的水位，同理，如果江河中没有水，那么水库就会给予一些补充。这种互相补充的关系其实正是朋友之间的真实写照，也就是说，当你和朋友之间存在差距的时候，你的朋友往往会适当予以援手，尽量减少这种差距，而当你遇到麻烦的时候，对方更是会为你出面解决困难。

正因为如此，我们要更多地结识那些身份更高、能力更强的人。有人曾经将朋友关系概括为两种模式。第一种是平级模式，也就是说朋友和你处于同一水平，或者另一方的水平可能比你更低。这时候你们向上的唯一途径就是采用人体积木的方式，一个人举着另一个人，或者你踩在另一个人的身上。这种方法比较费力，而且效果不好，两个人向上的力量非常有限。第二种模式就是上下级关

系，你的朋友比你处在更高的位置，这时候，如果你想要站得更高，对方可以伸手拉你一把，这样你就可以更为轻松地到达更高的地方。

在人际交往中，我们就需要采用第二种模式，要努力去认识和结交那些站得比你高的人，只有这样你才有机会得到更好的帮助，才有机会不断向上爬。这其实是一种非常有效的牵引力，也是走向成功的一种好方法，我们需要利用好这样的牵引力，将自己输送到更高层的位置。

说起最幸运的理发师，那么阿里亚斯绝对算一个，原因很简单，那就是他认识大画家毕加索，而且两个人的交情非常深厚，尽管毕加索比阿里亚斯大 28 岁，而且社会地位和身份都要超出对方一大截，但是这两个人还是成为很好的忘年交。

据说有一天毕加索去理发店理发，由于天气特别冷，而且还下着雨，阿里亚斯发现有一位顾客在店里冷得一直打哆嗦，并很快认出那是毕加索，于是很关切地脱下自己的衣服递了过去："哦！先生，您穿得这么少可不行，天太冷了，会生病的，如果不嫌弃的话，不妨先披上我的衣服。"毕加索听后非常感动。

后来毕加索经常来理发店理发，两个人开始熟悉起来，毕加索发现阿里亚斯为人很真诚，而且手艺也不错，于是点名让阿里亚斯成为自己的专职理发师。从那时起，阿里亚斯就经常光顾毕加索的家，然后在他的画室里帮他理发、刮胡子。事实上，阿里亚斯的理发店地理位置并不好，平时光顾的客人不多，可能是因为安静，才会吸引毕加索的注意，不过也正因为经常给大画家理发，阿里亚斯很快成为大家关注的焦点，很多人慕名前来理发，当然大家也都希望能够有幸碰到毕加索，但无论怎样，阿里亚斯都永远地和毕加索联系在一起。

严格来说，阿里亚斯只是一个平凡的人，但他和毕加索之间的友谊帮助自己的身份得到了提高，至少他的社会知名度被极大地拔高了，他的事业也有了进展。可以说结交毕加索完全改变了他的一生。

心理学上有一个非常重要的原理，叫作彼得原理，彼得原理认为每个人都想要向上爬，想要一直爬到高于自身能力的位置上。而在实际情况中，想要实现向上爬的目标，就需要结交能力和地位比你高的人，在企业中，你要结交自己的领导和老板；在官场，你要懂得和自己的上司处好关系；在商场，你要懂得结交那些社会地位更高、事业更成功的商人。认识更多高层人士，认识更多比你有身份的人，那么你的地位就能够攀升，甚至超过你个人能力水平所能达到的限度。

艾森豪威尔将军的母亲曾对他说："如果你想要平凡一些，那就尽量往下看，如果你想成为更出色的人，那就抬起头注视上面。"艾森豪威尔记住了母亲的话，一生都在努力和那些上层人士打交道，所以最后他成为盟军总司令，成为美国总统。狂妄的巴顿将军也说过："你想成为名人，你想成为英雄，那很简单，只要跟在我后面就行了。"既然我们的目标是变得更好，那么我们就要结交那些更好的人，既然我们想要站得更高，那么就要懂得结识那些处在更高位置的人，要知道，当你的朋友站得比你高时，你所处的位置绝对比现在更高。

最应该结交的 7 种朋友

朋友是生活中不可或缺的一部分，每个人都需要朋友，朋友可以成为你的帮手和支柱，在你危难的时候，他们会伸出援手来帮助你，在你受到伤害和委屈的时候，他们会成为你的精神支柱，在你成功的时候，则会和你共享快乐和荣耀。好朋友总是能够衬托你的价值和荣耀，能够分担你的忧伤和痛苦。但是在结交朋友的时候，我们也应该擦亮眼睛，要懂得过滤那些不称职的坏朋友，还要懂得结识那些对自己有帮助的好朋友，而想要让自己得到更多的帮助，那么以下几种朋友，绝对是人生中不可错过的。

（1）银行家

一个人想要创业，想要做成一番大事业，往往需要钱，而筹钱的方式有很多种，比较保险的一种就是找一个银行家做朋友，你不仅可以贷到更多的款项，还可以咨询到更完美的投资方案。还有一点就是银行家们的朋友圈向来很广泛，认识很多资本家和商人，有了这样优质的人脉圈，你无疑等于捡到了一个宝藏。据统计，美国前一百位的富豪中，大约有 95 位都和银行家们有深交。

（2）传媒人员

一个人想要成功，有时候需要做好包装，需要有人对你进行更广的宣传，尤其是在当今这个信息非常发达的时代，谁能够更频繁、更有魅力地出现在大众面前，谁的社会知名度就越高，他所具备的社会价值也会被推得越高。如果你想要成为焦点，那么找一个传媒人员做朋友再适合不过了，他可以有效提升你的个人形象，能够确保你的出镜率，有这样的朋友，无论到了哪里，无论你的实力如何，总会有一个大舞台在等着你。很多影视明星和歌手就注意和媒体人打交道，因此他们总是能够赢得公众的关注。

（3）名人

有人喜欢结交富人，为的是广开财路，有的人喜欢结交权贵，为的是寻找一个可靠的靠山，有的人则更倾向于寻找名人当朋友。因为相比其他类型的朋友而言，与名人做朋友具备很多优势，比如名人往往比较有威望，社会关系比较复杂，个人的魅力和号召力也比较大。跟着这样的人，你能够拥有更多的社会资源，可以掌握更丰富的人际关系。其实名人所具备的就是一种名片效应，只要提到这个名字，只要跟这个名字沾上边，那么你就有可能成为大家关注的焦点，得到的帮助也会增加。

（4）你的领导和上司

大家在交友的时候往往会忽略一种人，那就是自己的上司和领导，因为很多人认为领导都是高高在上的，并不适合用来交朋友，他们担心一旦和其成为朋友，彼此之间的那种领导与被领导、管理与被管理的关系就会受到影响。但实际上领导完全可以成为朋友，而且成为朋友后还能带来很多好处。比如说可以直接为工作和事业提供更大的便利，包括能够学习到更多的管理技能，吸收更多的工作经验，以及直接得到更多提拔和重用的机会。

（5）潜力股

很多人交友过于看重眼前，认为有实力的就去交往，社会地位高的就去交往，觉得是成功人士的就值得交往，可事实上还有一种人也会对我们的人生产生积极影响，那就是潜力股。尽管潜力股暂时不出众，社会地位不高，没有什么财富，也没有什么权力，可是他们一旦成长起来，一旦得到发挥的机会，这些人往往会创造一番大事业，会拥有一个非常光明的未来。

（6）忠诚奉献型

都说士为知己者死，好的朋友往往能够为你赴汤蹈火。这种人对待朋友往往很忠诚，愿意为朋友奉献一切，所以一旦你遇到什么困难，第一个伸出援手的必定是他，第一个出面解决问题的也会是他，哪怕他没有能力帮助你，也会想办法帮你联系其他人。像这样忠诚的人并不多见，如果有的话，一定要好好把握，即便他身份低微、能力弱小，可是他有一颗真正帮助朋友的心，只要你有需要，他会倾尽所有的力量来帮助你，事实上这样的朋友，他所有的人力资源基本都可以为你所用。

（7）大哥型

生活中需要一个大哥，因为大哥不仅可以保护你，还可以为你创造各种各样的好条件，也能够给予你很多人生的经验，所以如果你有一个扮演大哥角色的朋友，那你无疑是十分幸运的，你跟随他，往往会得到更多的优惠和照顾。如果他有什么资源，一定会不遗余力地和你一起享用，他有什么经验的话，也会拿出来和你共享，如果他有什么能力，同样会全部用来帮助你。对于一个"大哥"来说，你所能做的就是跟在他的身后，享受他的荣耀，并接受他的保护和馈赠。

Chapter 6
第六章

**把话说对了，身边的朋友就
交对了**

傻子才用嘴说话，一定要用心说话

古希腊哲学家苏格拉底曾经告诫自己的弟子，说话前先要用三个筛子将想要说的话进行筛选，第一个筛子是真实，也就是你所说的话是不是真的。第二个筛子是善意，如果你所说的话或者听来的话不是真实的，那么就要看看这些话是否具有善意，你说出来会不会带来伤害。第三个筛子是重要性，当你心急火燎地想要说出这些话时，应该想一想这些话是不是很重要，是不是值得说出来。我们在说话的时候也要准备一些筛子，在说出口之前，尽量先筛选几遍，只有这样才能确保说出来的话有价值、有意义。简单来说，就是我们要用心说话，要严格把握自己所要说的话。

事实上，说话往往能够体现一个人的水平，比如很多人说话往往是有什么说什么，想什么说什么，从来没有用心思考过，也不懂得用心去修饰和加工，每次就原原本本地将原话或者心里话说出来，结果往往让人感到不舒服。而有的人说话很用心，不会为了逞口舌之快张口就说，也不会轻易妄言，他们懂得什么话该说，什么话不该说，话应该怎么说才更好。

比如很多人是急性子，说话的时候雷厉风行，不管不顾，语速很快，而且张嘴就来，完全不经过深思熟虑，总是想到什么就说什么。这种人的嘴巴里通常也藏不住话，只要有想法，只要想说话，就会很快将话全部说出来，虽然看上去比较豪爽实在，但是因为考虑不周全，常常因为快人快语犯下一些非常低级的错误，要么就是因为说话方式不对而伤害他人。

做人还是用心一些为好，说话也应该用心一些，每次说话之前都要三思，要懂得分析自己说这番话是不是恰当，会不会伤害他人的利益，会不会引起一些不必要的误会，会不会犯下一些低级错误。这些我们都应该事先认真编排、分析一下，要尽量让自己的脑子跑在舌头前面，要对自己的不良言行进行过滤，这样说出来的话才会更有水准，听着也更加让人舒服。

张作霖有一次应邀出席名流集会，有几个日本浪人知道他不识字，于是故意向他求一幅字画，让张作霖在众多社会名流面前写几个字，好让这位张大帅出出丑。张作霖自然明白这是对方在故意刁难自己，不过他知道在这样的场合如果直接拒绝实在有伤风度，最终只好硬着头皮应承下来。

想来想去，张作霖还是在宣纸上写下一个"虎"字，事实上张作霖尽管不会写字，但好在他平日里练这个"虎"字练得很多，毕竟大家都称呼他为"东北虎"，他为了炫耀，就常常写这个字。写完后，大家纷纷鼓掌，虽然比不上名家的水准，但对于一个握枪杆子的将军来说实属难得了。

不过在留下落款的时候，张作霖还是犯了错误，本来落款应该是"张作霖手墨"，但是他不会写"墨"，反而写成了"张作霖手黑"，大家都非常疑惑。这时有个士兵直接提醒道："大帅，您写错了，黑字下面应该还有一个土。"张作霖一听，当即觉得很尴尬，毕竟在座的这些人全部听见了。好在张作霖的秘书站了出来，他训斥那个多嘴的士兵："你懂什么，今天大帅在这里是要表明自己的心迹，让所有人知道在这片黑土地上，日本人索取的东西，都要寸土不让。"这一番解释帮助张作霖成功解围，而且大家纷纷对着张作霖点头称赞。张作霖回家后重重奖赏了这个秘书，然后严惩了那个多嘴多舌的士兵。

无论做什么事，无论说什么话，都要先进行思考和分析，这是一种自我控制、自我调整的方法，能够有效提高我们话语的水平，同时也能够尽量避免自己犯错，能够避免因为不当的言语而对他人造成伤害。如果我们要说的话存在很多错误，存在很多伤人的地方，那么只要稍加分析和调整，就可以换一种更为平和的状态说出来，这样大家听着就不会觉得别扭了。

实际上，我们的大脑就是一个处理器，嘴巴要说的话最好还是先在处理器里进行编排和加工，从而确保说出去的话更加合理中听。而且认真思考的习惯，就像是给嘴巴设置了一道闸门，能够有效缓解言语的势头，使我们所说的话具有可控性。这样一来我们说话就不再像洪水一样喷涌而出，话中的不利因素也能够在闸门的阻拦下慢慢沉淀下去。

一个人想要把话说好，就要慢慢说，不能心浮气躁，不能感情用事，不能有什么说什么。说话也要理性、成熟，有所准备，没有准备就随意乱说，这样的话就像未经打磨的石头一样，往往棱角分明，扎得人心疼。如果能够慢慢酝酿一下，能够在大脑中加工打磨一番，那么最后说出来就会比较圆润。

　　《古兰经》中就提出了用心说话的重要性，它规劝信徒们谨防滥用舌头，应该把话说好说对。比如里面记载着一件事，有个人请教圣人："你最怕什么？"圣人指着舌头说："我最怕它。"另有一次，又有人请教圣人："我们要求得到拯救的机密是什么？"真主的使者答道："管好你的舌头。"那么一个人为什么会最害怕自己的舌头，又为什么千方百计想办法管好自己的舌头呢？原因在于舌头是掌管言语的重要工具，而多数人都是祸从口出，就是因为舌头不灵活、不理智，常常说一些没有认真思考的话，才导致因为说出一些不该说的话而闯祸。所以圣人告诫我们要慎用舌头，要懂得用心用脑去说话，只有这样才能增加自己话语的价值。

人人都期望被赞美，多准备些"糖衣炮弹"

一位年轻记者曾经问美国著名总统亚伯拉罕·林肯："经常被别人索要签名会不会觉得心烦意乱？"林肯幽默而机智地回答说："当人被奉承时，忍耐度是很大的。"林肯的话道出了多数人的心声，那就是我们往往会不由自主地接受别人的赞美，因为自己没有办法完全拒绝赞美的利诱和虚荣，因为我们每个人都渴望被他人赞美，因为这是证明自己的最直接的一个方法。

在马斯洛需求层次的理论中，就指出每个人都有被人赞美和认可的需求，事实上，心理学家也认为我们每一个人在心里都是渴望被人认同和接受的，每个人都希望别人称赞自己，都希望赢得更多的好感和尊重。作家威廉·詹姆斯说："人性深处最大的欲望，莫过于受到外界的认可和赞扬。"著名作家马克·吐温甚至认为，一句精彩的赞美可以做十天的干粮。正因为如此，我们在与人交往的过程中，应该懂得迎合人的这份心理需求，要懂得多准备一些"糖衣炮弹"，相信只要使用得体，一定能够轻松突破他人的心理防线。

当然，赞美他人并不是随意性的，也需要注意一些技巧，比如不能说得太夸张，不能张冠李戴，不能将赞美的话变成拍马屁，一切都要从实际情况出发，一切都要有所指。很多人常常认为自己不知道如何赞美别人，其实最简单的方法就是寻找优点，每个人身上都会存在优点，把握这些优点即可。

　　人际关系学家戴尔·卡耐基认为，每个人身上都有优点，这些就是值得我们去赞美的东西，一个人美丽、健壮、健康、诚实、有口才、随和、耐性好、勤劳、善良等，这些都是用来赞美的突破口，可见"世界上不缺乏美，只缺乏发现美的眼光"。我们应该主动去寻找别人的优点，然后加以赞美。这样就容易迎合别人的心理，容易满足别人的需求，从而为自己争取更多交往的机会。

　　除了有所指以外，赞美的点还可以适当发生改变，我们可以通过赞美他人身边的东西来赢得对方的好感，也就是说赞美也要懂得爱屋及乌。这是一个非常高明的沟通技巧，尤其是当你没有话题可讲时，完全可以从对方身边的人或物入手，特别是和对方关系密切的人，或者对方比较关心和在意的物。这些东西通常都是对方的兴趣所在，你对其进行适当地赞美，就可以抓住对方的心理。比如说称赞对方的孩子很漂亮，称赞对方的另一半人很好，称赞对方的宠物狗很可爱，称赞对方的收藏品很有价值。通常来说，爱屋及乌的交往方法可以有效吸引对方的关注，而且还不会让人觉得你有拍马屁的嫌疑。

　　富兰克林在成名前曾经拜访过一位著名的老学者，但是这个学者的脾气很古怪，他不喜欢别人说他学识渊博，不喜欢别人奉承和赞美他。富兰克林和对方见面后，都不知道如何开口，毕竟自己是来求学的，如果一句话都不说未免太失礼。当他们见面时，老学者的态度很冷淡，一句话也不说，富兰克林站也不是坐也不是，完全不知所措。

不过他观察了一段时间之后，发现这位学者一直在摆弄一盆兰花，富兰克林对兰花也略知一二，于是就站在旁边看，然后开始评头论足，说这盆花如何如何好。老学者听到后非常开心，于是就和富兰克林交谈起来。就这样，富兰克林成功被对方接受和认可。

事实上，如果你觉得自己不好意思开口赞美别人，或者害怕自己的赞美会被人误解为奉承话，这时不妨运用第三者来称赞对方，将自己设定为一个传达者的角色。比如告诉对方"听某某人说你非常好，大家都认为你是个好人"等。这样的表述实际上可以有效转移自己的"私心"，防止别人产生误会，同时又借他人之口很好地称赞了对方，从而赢得对方的好感。

据说当年戈尔巴乔夫访问美国的时候，为了表达自己的诚意，想要赞美里根总统，不过他担心自己说出口后会被国内的媒体误解，担心自己失了大国领导人的风度。于是转而借助别人的话来赞美他，他对里根总统说："我在苏联的时候，就听人说您是一个很有主见，且非常有魄力的领袖。"这句话表明戈尔巴乔夫对里根的尊重，但是赞美的话毕竟不是出自他的口中，所以他也不用承担政治斗争和意识形态斗争上的风险。

所以说尽管人人都需要赞美，但是我们最好还是确保用最适合的手段给予别人更多的赞美和认可。我们要懂得抓住对方的心理，要懂得把握对方的性格和思维习惯，然后用最合理的方式迎合和满足对方的需求，这样我们发射的"糖衣炮弹"才会发挥出应有的威力和效果。

不管对谁，都不能掏心窝子地去说

我们常常说与人交往要学会信任，要懂得分享，但是这种信任和分享实际上也是有限度的，并不是完完全全的分享或者信任，毕竟每个人都存在私密性，每个人都需要自己独立的隐秘的私人空间，这个空间是不方便外人走进去的。事实上，就连最亲密的朋友之间，最相亲相爱的恋人之间，最亲近的父母子女之间，彼此也会存在一些秘密。

很多人会认为既然是最亲密的人，那么就应该毫无保留地坦诚相待，可事实上这样做于人于己都不好，其实那些私密空间相当于一个缓冲带，一个保护区，如果彼此对这些私密进行共享，那么一旦发生纠纷，一旦出现情感的裂痕，这些秘密就可能成为别人手中的把柄，成为伤害自己的定时炸弹。正因为这样，我们需要懂得有所保留，要好好保护自己的私密空间，不要轻易向别人开放。

俗话说："逢人只说三分话，未可全抛一片心。"做人做事都要谨慎一些，害人之心不可有，但防人之心不可无，基本的自我保护意识还是应该具备的。在日常交往中，有些无关紧要的东西可以和别人分享，有些无关紧要的事情也可以和别人说，但是有些私密的东西最好还是自己藏好，不能轻易透露出去，即便是最亲密的朋友、亲人、爱人，我们也要谨慎地对待，要保守自己的秘密。

事实上，人是一种情感动物，所以很容易被情感所绑架，常常忍不住想要对自己最在乎的人说出心里话，也容易被那些最亲近的人套出心里话，虽然表面上你认为这是一种忠诚、信任的表现，表明了你对这段关系的重视，不过当你被感情冲昏头脑的时候，是否想过，如果有一天你和对方之间发生了不愉快甚至决裂，那么对方是否还会为你保守秘密呢？如果对方是有意接近你套出你的秘密，那么你又该如何面对和收场呢？为了避免最后陷入困境之中，一开始就应该守口如瓶，不要掏心掏肺地什么话都往外说。

很多时候，你越是坦诚，就越容易受到别人的利用和伤害，毕竟一个人的私密信息往往是个人最重要的东西，甚至是关乎个人生存和发展的秘密武器，一旦被人知晓，你就丧失了更多优势。这就像谈判的双方一样，一旦你将自己的底线透露出去，对方肯定会肆无忌惮地往下压价，这时候，你将永远处在谈判的下风。所以我们平时还是谨慎一些为好，凡事都要保留一些空间，要给自己留有余地，全部说出去，自己也会被曝光在烈日之下无所遁形，你的秘密甚至会成为别人攻击你的工具。

在第二次世界大战中，美国在日本投下两颗原子弹，结果震惊了世界，如此威力巨大的武器足以摧毁一个国家，因此很多国家担心美国以此来控制世界，尤其是苏联，他们是社会主义的领导者，与领导资本主义的美国有严重的意识形态分歧和全球性的利益冲突。为了防止自己被美国恐吓和牵制，苏联也想尽快造出原子弹，可是一些关键数据却不是很清楚，于是决定派间谍去窃取机密，而爱因斯坦是研究原子弹的专家，因此，苏联人决定用美人计勾引爱因斯坦。

有一天，一位美丽优雅的俄罗斯女人走进爱因斯坦的生活，这个女人叫玛加丽达，她是苏联著名的女间谍，很显然，她接近爱因斯坦的目的只有一个，那就是获取原子弹的相关数据和资料。爱因斯坦很快迷恋上了美丽的玛加丽达。

事实上，美国政府为了确保原子弹的机密不外泄，曾经对爱因斯坦进行了严密的保护，也多次告诫他要守口如瓶，爱因斯坦本人也知道原子弹的危险，尤其是美国轰炸日本之后，他更是非常后悔，所以决定再也不说任何和原子弹相关的事情了。可是面对心爱的女人，他还是透露了很多口风。掌握机密信息之后的苏联很快研究出了原子弹，而这时玛加丽达也撤离了美国，爱因斯坦知道事情的真相后非常伤心和难过。

无论什么时候，我们都要懂得自我保护，对他人不要盲目热情，不要太过坦诚，不能因为感情而刻意去分享什么，任何人都要懂得给自己的生活加密，这并非对他人不信任或者是不尊重，而是一种更加安全谨慎的生活态度，是一种对自己人生负责的态度。

生活需要小秘密，需要有自己的私人空间，这些东西是不适合与别人分享的，即便是最亲近的人，彼此之间也会有所保留，我们没有必要以共享私密作为衡量感情的标准，更不能因此被他人利用。很多时候，我们并不了解这个社会，并不了解我们的朋友，更别说那些相对陌生的人，如果为了展示自己的忠诚而打开天窗说亮话，无疑是一种非常冒险的行为，很容易为自己以后的生活埋下隐患。所以凡事最好还是谨慎一些，无论说什么做什么，都要对他人有所保留，全部说透了，也就断绝了自己的退路。

不该说时别开口，该你说时也别轻易说

在日常交际的时候，我们会发现很多人平时特别喜欢说话，喜欢发表个人的观点和看法，比如当别人聊天时，冷不防地站出来插话，当别人正在发言时，他也会越俎代庖率先开腔。而轮到自己说话的时候，更是机关枪一样说个没完，简直就是知无不言言无不尽。

但凡喜欢说话的人都有一个共同点，就是喜欢表现自己，这种表现不一定都是炫耀，但是只要有机会发表观点，只要有什么话题，他就一定不会错过。不是他说的话，他会抢着说，不该是他说的话，他也要抢过来自己说，而对于自己该说的，他一定会说得更多。这种人非常积极主动，但往往招人烦，毕竟人人都想要掌握话语权，人人都渴望别人认认真真听自己讲话，如果发言权都被别人抢走了，自己肯定会很不满意。

此外，我们常说言多必失，一个很喜欢说话的人，尽管观点道理一大堆，可是往往很容易说错话，有时说了不该说的话，很容易招惹麻烦。所以做人一定要谨慎，要尽量少说话，要合理控制自己的话语权，要自己掌控好什么时候说话、说什么以及说多少。这是一种修为，更是一种人际交往的技巧。

很多话既然是别人说的，我们就不要插嘴，很多话既然不方便说出来，我们就不能说得太多，要珍惜自己的话语权，只说自己的话，只说自己该说的话，而且要尽量少说话。社会学家认为整个社会是一个大舞台，在这个舞台上每个人都有自己固定的角色和位置，确定好自己的位置，然后做好自己分内的事，整个社会的运转才会顺利、才会正常，如果你总是跳出来抢戏，总是说一些不该你说的话，做一些别人应该去做的事，那么整个秩序就会混乱，而你这样的混乱源头很容易被人排挤出去。此外，即便是自己分内的事，即便是出演自己的戏份，你也要懂得适可而止，不能太过火，不能说得太多，有时候少说点反而更好一些。

法国启蒙思想家伏尔泰认为"口水应该是最金贵的东西"，不过事实上很多人却弃之如敝屣，不重视自己的话语权，习惯乱说、多说，最后导致说话变了味，失去了说话的价值，而且我们很容易因为说了不该说的话而招人嫉恨。

麦肯曾经是摩根大通的员工，他工作勤快，为人很负责，对于公司内部的事情尽心尽力，不过麦肯有一个缺陷就是为人太直率，只要有什么话，就非得说出来不可，这常常让很多人觉得尴尬。有一次公司高层下来检查和巡视，经理领着众人在大厅里接待，高层人员查看了业务报告后发现最近两个月的业务量下滑了5个百分点，于是追问原因。经理一时之间急得不知道该说什么好，这时麦肯直接站出来说："因为最近两个月，我们正在尝试开辟一些业务，所以对原先的业务投资造成了一些影响，等到新业务成熟之后，总体的业务量会得到提升的。"

看到麦肯如此自信，高层人员忍不住问他："你就那么有把握新业务一定能够获得成功？"麦肯非常自信地回答说："是的，先生，因为这项业务从来没有公司实行过，我们是开创者，这是很重要的。"对方接着反问："你不觉得开创者也有可能成为失败者吗？"麦肯于是将部门内部的规划和一些方案一五一十地全部说了出来，他还特意加入了一些自己的改进方法。

高层听了非常高兴，最后的视察工作圆满结束，但是经理却无论如何也高兴不起来，事实上，向上级汇报工作原本应该是自己的事情，轮不到别人来插手，而且有关公司新计划的事情，现在还没有完全定型，如今透露了那么多内容出去，对部门的保密性也是一个打击。几天之后，经理突然辞退了麦肯，而且没有什么具体的原因，但是所有人都知道麦肯坏了摩根大通的规矩，他说了不该说的话，而且说得太多了。

说话是一种表现自我的机会，但是说得越多并不代表你的价值就越高，你表现得就越好，很多时候，说话会携带很大的风险，不说或者少说反而更能保护自己不受伤害。丘吉尔是世界公认的演说家，很多人都很好奇他的口才，于是就问他的演讲为什么总是能够吸引大家的关注，丘吉尔笑着说："因为我从来不说废话，不该说的绝对不说，该说的尽量少说。"正因为能够合理掌控自己的话语权，丘吉尔的演讲总能抓住人心。

与人交往的时候，难免会有话语权上的冲突，这时我们要尽量后退一步，不是自己应该说的话，尽量不要去说，只要努力当好一个听众就好了，你站出来想出头，可是枪打出头鸟，最终受伤害的往往是你。而对于自己应该说的话，也没有必要抓着机会不放，其实，做人要懂得惜字如金，只有善于控制说话的人，才有可能将话说得合理、无瑕。

多说"我们"少说"我"更容易拉近关系

在日常交际的时候，很多人总是喜欢说"我"怎么样，"我"能做什么。从心理学的角度来说，这种表达方式其实是出于自我表现的一种冲动和需求。我们对自己的事情很感兴趣，总是期望拿自己的东西和别人一起分享，并在分享的过程中获得个人的满足。可是我们很容易沉浸在个人的世界中而忽视别人的感受，事实上，当你一直谈论自己的事情，而对他人的事情漠不关心时，别人也会这样对你。

这其实是一种过于主观和个人的表现，很多时候，"我"这个词太过狭隘和自我，因为从汉字的字体、语法结构来看，"我"其实指的就是个人，指向性非常明确，让人误以为你是在自大自傲地表现自己。此外，这种表达方式具有鲜明的界限，几乎将自己和其他人完全区分开来，这样就会让他人觉得很陌生，反而不利于拉近彼此的关系。因此在平时的表达过程中一定要注意这一点，千万要注意措辞的合理性，要尽量把自己归到对方那一类当中，而不是明确地排斥他人或者划定界限。

如果想要消除误会，想要拉近彼此之间的关系，那么在很多时候，需要改变自己的用语习惯，最好是将"我"改成"我们"，尤其是在一些主观性、个性不那么强烈的社会活动当中，就要懂得用"我们"来替代"我"。事实上,"我们"指的是一个群体,而且从感情的角度来说,还是一个比较亲近的群体,能够证明你和对方或者其他人是一类人,是同一个团体的人,或者是有共同生活目标、生活背景、性格习惯的人。

我们生活在群体中。这个群体并不是以你为中心的,世界也不是围着你转动的,所以你的言行举止应该有更多的群体特征,尤其是和别人交际的时候,不要总是谈论自己,不要总是谈论那些和自己相关的事情,这样会让对方觉得被忽略了,从而有一种被绑架的感觉。实际上也没有人会对你个人的事情感兴趣,他们也想同你讲述自己的事情,这样一来,彼此之间就会失去共鸣点。所以最好的方法就是多说一些"我们",说一些"我们"之间或者和"我们"有关的事,这样能够将双方拉回到共同的范畴之中,从而增加话题性。

此外,多说"我们"实际上带有一种尊重的意味,证明你的心中有对方,有这样一个团体。这种情况通常出现在意见或者建议之中,出现在讨论之中。比如有的人为了提出一个意见,常常会说"我们这样做是不是更好一些""让我们再考虑一下""我们还有什么需要去补充的""请问,我们的想法是不是足够完美"等。这样说能够让大家都参与进来,大家也都能够感受到你的诚意,从而缩短人与人之间的距离。如果将这些话换成"我"来表达,那么意思就会发生偏差,大家会觉得你这个人太自我、太强势了,根本难以相处,于是可能会跟着起哄,或者干脆否定和排斥你。

扎克伯格是一个天才,但是他的性格和独裁的乔布斯完全不同，个人生活很低调的他几乎很少在媒体面前露面，而且在和朋友聚会的时候，他也很少讲述自己的工作、讲述自己的公司，因此很多人都觉得他非常好相处。很多媒体都认为扎克伯格是一个邻家小男孩，是一个非常好相处的平民总裁。事实上，他非常不注意个人的外在形象，常常邋里邋遢，但是却非常懂得维护公司的形象，他觉得公司是所有员工的，因此自己没有理由像对待生活那样随意支配它。

每次开会的时候，他都会采用"我们"这样的称呼，偶尔提出什么建议，也会加上"我们"这个词，这一点是难能可贵的。他曾经对媒体说过，他想要做的就是尽量消除个人的印记，让员工们感受到一件事：这个公司不是"我"一个人的，而是"我们"大家共有的。所以他会尽量避免使用"我"这样的字眼，以免让员工认为自己一家独大，而"我们"则是一个更为大众化、更加亲切平和的称呼，可以尽可能地拉近彼此之间的距离。

毫无疑问，从每个人的认知习惯和听觉习惯上来说，"我们"无疑要比"我"更加亲近一些，它消除了更多的个人色彩，反而加入了团体因素，所以往往能够消除隔阂，从而达到收买人心的目的。因此这是一个非常重要的交际技巧，我们在平时的交流和谈话中，可以进行熟练运用，要尽可能地把自己放在一个大的团体中来描述，把自己和对方捆绑在一起来表达，这样就可以增加彼此之间的信任和尊重。具体来说，就是要求我们在交谈的时候，最好说一些大家感兴趣的话题，而不是谈论自己感兴趣的话题，要尽可能地说一些大家都能够参与进去的话题。

　　中国人讲究说话办事不能太见外，如果一个人总是用"我"来
表达某种看法和观点，就是一种"见外"的表现，会在不经意间将
自己和对方的距离越拉越远。而使用"我们"这样的词，就等于将
自己和对方划入到同一个圈子里，而这个圈子的划定其实就是一种
拉近关系的有力工具。

必要的沉默胜过滔滔不绝的言谈

　　在谈到说话的时候，我们会经常提到一个词，那就是话语权，很多人在与人交往的时候，都非常重视自己的话语权，希望自己能够尽可能地多说，尽可能地表达清楚自己的意思和想法，也希望自己能够说服别人。为了把握自己的话语权，为了让自己的观点被更多的人接受，很多人非常喜欢表达，甚至成为名副其实的话痨，一遇到事情，就喜欢滔滔不绝地讲个不停。

　　事实上想要证明自己的能力，想要让别人更加认可自己，有时候并不是依靠说得多就可以办到的，其实更重要的还是看你个人的修养和实力，看你个人的谈话水平。而且有些场合并不适合过多繁冗的表达，尤其是当别人对你的演说感到厌烦的时候，更要懂得适可而止。此外，能说会道的人不一定都有真才实学。道家创始人老子就说："知者不言，言者不知。"在他看来，能说会道的人往往徒有其表，只是为了炫耀自己为数不多的才学而已，唯有那些真正有大智慧的人，才会懂得保持缄默，因为他们内有乾坤，而这些内涵是没有必要说出来的，说多了反而会给自己招惹麻烦。

　　话语权的确很重要，它是我们向外界展示自我的一个通道，但是正因为它非常重要，我们才要更加懂得好好珍惜自己的话语权，不能随意乱说，更没有必要张开嘴巴唠唠叨叨。事实上有时候多说还不如少说，少说还不如不说，毕竟说得越多就可能错得越多。《菜根谭》中说："十语九中，未必称奇，一语不中，则愆尤骈集；十谋九成，未必归功，一谋不成，则訾议从兴。君子所以宁默毋躁，宁拙无巧。"一个人说了十句话，哪怕说对了其中的九句话，也未必会有人赞赏你，而唯一的那一句错话往往会招来众人的指责；一个人即便能够成功实施九次计划，也未必会得到奖赏，但只要计划失手一次，就要遭到众人的埋怨。由此可见我们一定要谨言慎行，为了避免出错，有时还不如用沉默来过渡。

通用电气的总裁杰克·韦尔奇有一次去巴黎参加一个研讨会，会上聚集了当时许多精英管理人员，大家在研讨会上积极发言，都尽可能地阐述自己的观点，证明自己的能力。即便是发言之后，也忍不住在台下和别人进行互动。杰克·韦尔奇向来不太喜欢这些形式主义，但是既然来了就得装装样子听一听，而他自己也上台做了一个极为简短的报告，算是应付了事。

经过一段时间的演说，杰克·韦尔奇发现会场的角落有位年轻人一直低着头，一句话也不说，也不上台发表演讲。其实对年轻人来说，像这样的研讨会是证明和表现自己的最好的机会，他们自然不会轻易放过，但是这位年轻人似乎并不在乎这些东西，只是低着头听着，偶尔做一下笔记。

研讨会结束之后，杰克·韦尔奇非常好奇地走到年轻人面前打招呼，然后问他为什么整个会场只有他一个人不上前说几句。年轻人腼腆地回答说："这里的人都是社会精英，他们把该说的不该说的全部说完了，我没有什么要补充的。"杰克·韦尔奇觉得很有意思，于是就和他攀谈起来，事实上，他发现这个年轻人很有自己的见解，尤其是对企业管理有非常独到的看法，当两个人聊起通用电气时，对方还给韦尔奇提出了许多非常有建设性的建议。韦尔奇非常惊叹，他认为尽管这个年轻人什么也没说，但他却是整个会场中极为难得的一个人才。后来杰克·韦尔奇直接向对方发出邀请函，希望年轻人能够去通用电气上班，年轻人最终接受了这个很多人梦寐以求的工作。

英国人说"沉默是金"，法国人则认为"这个世界就是一大堆的废话和语言构成的"，美国人则觉得"说太多的话有时候只是虚荣心膨胀的一种表现"。而在中国人看来，"言多必失"，由此可见，其实话说多了并不见得是一件好事，相反地，有时少说或者不说，反而能够赢得更多的喝彩和关注。

据说，有一次小说家马克·吐温参加一个宴会，当时很多社会名流都进行了发言，但是马克·吐温一直坐在那里喝酒。有个侍应非常礼貌地问他："您是望重一时的小说家，何不上台说上几句话？你看那些掌声多么激烈啊。"马克·吐温笑着回答说："是的，不过当我安安静静坐在这里的时候，听到的掌声实际上更多，不是吗？"我们应该记住这句话，有时候沉默所赢得的掌声要比滔滔不绝地演讲所带来的掌声要多得多。

感谢的话该说就要说，不能闷在心里

1977 年，美国探险家里克和自己的朋友一起去攀登非洲的乞力马扎罗山。尽管乞力马扎罗山没有喜马拉雅山脉那么高，环境也没有那么恶劣，但是还是存在很多危险。因为乞力马扎罗山上的积雪积冰消融情况比较严重，登山者很容易遭遇雪崩、积冰下滑、冰裂等险况，而且山上的温度很低，所以很多专业的登山者也不敢去攀登。

不过里克和自己的朋友决定尝试一下。在他们攀登最高的呼鲁峰时，里克因为忙于拍照，所以没有看到脚下下滑的积冰，差点随之滚下山崖，好在队友诺阿抓住了他的手臂。死里逃生的里克觉得自己很幸运，他当时想要抱着自己的朋友说一声谢谢的，不过大家都在场，他也不好意思表现得太柔弱、太动感情。结果在他们下山的时候，这个朋友因为踩到了滑冰而不幸撞到了岩石上，当场死去。事后里克伤心不已，更后悔自己没来得及说一声"谢谢"，而这几乎成为他一生中最大的遗憾。

其实在生活中，人与人之间互帮互助是常见的现象，尤其是朋友之间，更是一种常态，但是无论关系如何，当你得到别人的帮助后，永远不要忘了说一声"谢谢"。说声谢谢并不是一种客套的反应，而是基于一种礼貌，这在人际交往中往往很重要。很多时候，一句简单的道谢就可以拉近彼此之间的距离，即便对方可能是无意识地帮助你，或者只是随手帮忙而已，但我们仍然要心存感激，要郑重地看待这件事，这样才能证明你是发自内心地感谢别人，证明你在乎和尊重对方，是一个有心人。

如果你的朋友伸出了援手，那么你不要觉得这是对方应该做的，尽管在友情面前，一声谢谢显得并不那么重要，但是如果你总是抱着理所当然的心态来对待朋友的帮助，那么这份友情很容易被你透支。而面对其他相对陌生的人时，你更应该及时对他人的援助给予回应，要非常正式地感谢对方，以显示你的尊重。如果总是觉得不好意思开口，将话闷在心里不说出来，那么对方很可能会误以为你满不在乎，下一次多半不会愿意帮助你了。

说感谢的话并不难，它就像一个善意的回应一样，能够温暖到那些帮助你、善待你的人。对于父母的养育之恩和疼爱之情，我们要及时说出自己的感激和爱，不要等父母老了、去了，才想起这份爱，才懂得去表达自己的感恩之心。对于朋友的帮助和支持，我们也要及时道出自己的谢意，因为一句简单的"谢谢"足以让彼此之间的友情更为牢固。对于陌路人的义举和善举，我们也要及时感谢对方，这样才是最礼貌的回应，才会让对方觉得自己受到了尊重。

人应该懂得感恩，不能对帮助自己、善待自己、支持自己的人视若无睹，不能刻意去忽视那些对你伸出援手的人。感恩之心是一个人最基本的道德素养，感恩不能仅仅放在心里，而应该勇敢地、大声地说出口，要让那些曾经帮助过自己的人切切实实地感受到你的真诚，感受到你的谢意，感受到你的尊重。

心理学家认为每个人都渴望自己的行为获得别人的认可，虽然帮助他人不是为了求得什么回报，但是从内心的需求来说，每个人在帮助别人之后都会期待得到一些赞美和肯定，所以你的感谢是非常有必要的。我们不能忽视这样的生活细节，而应该养成良好的感谢习惯，这是为人处世的一种技巧，也是一种修养。

石油大亨洛克菲勒曾经接受了朋友的请求，将朋友的儿子安排到自己的石油公司上班，事实上他这么做已经违反了公司的一些规章制度，可以说是给足了朋友面子。好在朋友的孩子非常争气，能力非常出众，工作表现也非常好，很快赢得了大家的认可。不过让洛克菲勒不满意的是，这个孩子似乎有些孤傲，很少和别人讲话，就连他这个帮了忙的大恩人，他也从未登门拜访过，甚至连声谢谢也没有。

其实为了让朋友放心，洛克菲勒私底下没少花心思，处处帮衬着这个侄子，帮助他解决了很多问题，甚至还有意提拔他，可是对方从来没有表示过感谢。一开始，洛克菲勒认为这个孩子可能比较内向，而且也不好意思开口，或者担心和自己走得太近会招来非议，但是时间一久，看到对方总是将自己当成陌生人看待，这让洛克菲勒觉得很不爽。于是他就辞掉了这个侄子，然后写了一封信给自己的朋友，他在信中说："我辞掉了你的儿子，很显然不是因为他的工作做得不够出色，而是因为他不是一个懂得感恩的人，我们的公司不需要这样的员工。"朋友收到信后感觉很惭愧，并没有因此而责怪洛克菲勒。其实"感谢"只不过是人情世故中的一部分，有时候你觉得自己有心就行了，可是别人未必能够感受到你的诚意和真心，所以即便你觉得不好意思，还是应该走一走形式，要主动说出自己内心的想法。这是一种态度，是一种尊重他人的态度，别人帮了你，你不能一声不吭，不能完全当作没事一样，这样会让对方觉得自己的举动没有任何价值，会让对方觉得自己做了一件毫无意义的事情，既然这样，他们下次就很难再次对你伸出援手了。

夸别人没有夸过的，赞别人未曾发现的

美国历史上第一个年薪过百万美元的管理人员是史考伯，他曾是美国钢铁公司的总经理，当时有记者问他："你的老板为什么一年支付给你超过 100 万美元的薪金，你到底有什么本事？"史考伯回答说："说实话，我对钢铁了解不多，但我最大的能力就是鼓舞员工，而鼓舞的最好办法就是赞美他们。"可以说赞美是他的撒手锏，是价值一百万美元的武器。

事实上，偌大的一个公司不可能只有他一个人懂得赞美别人，很显然，关键在于他赞美的方法与众不同。史考伯说自己从来不会重复别人夸奖过的话，也不会将一句赞美的话重复对多人使用，他觉得这是对员工的不尊重。事实上他能够发现员工身上不同的优点，所以对每一个员工都能进行具体而与众不同的夸奖。

赞美人需要保持新颖，尤其是不要落入俗套，如果你每次都是说一些客套话，都是一些翻来覆去的老词，那么别人很可能会觉得你只是敷衍了事，而不是真心实意地赞美自己。为了防止出现这样的情况，我们需要寻找新的出路和新的赞美方式，要找到别人从未被赞美过的优点。

一般来说，比较新奇的夸赞方法有以下几种：

（1）调侃身份

爱因斯坦除了研究物理学知识以外，平日还酷爱音乐，尤其擅长拉小提琴。有一次他应邀出访比利时，由于得知比利时的王后是一个音乐迷，而且还拉得一手小提琴，于是他提议和王后合奏一曲。表演之后，爱因斯坦对王后的技艺惊叹不已，忍不住调侃说："您演奏得太好了！说真的，您完全可以不要王后这个职业。"王后虽然平日也听过不少的赞美，但都是很肤浅的那种，而听了爱因斯坦另类的赞美之后，她兴奋了好一阵子，甚至特意将这件事写在了自己的回忆录中。

其实很多时候，我们都会顾及别人的身份和地位而予以赞美，这实际上有些违心，而在这里爱因斯坦用了一种调侃的方式对王后的技艺进行了夸奖，而且还是用高贵的王后之位做对比，觉得在这样的高超技艺面前，王后的位置也会黯然失色，也是无足轻重的。如此一来不仅不落俗套，而且表明了他不是因为对方是王后才予以夸赞，恰恰是音乐的魅力超越了地位的束缚，对方听了肯定很舒服，这样显然拉近了自己与王后的关系。

（2）借题发挥

美国内战期间，格兰特将军深受林肯的重用，但是他有一个毛病，就是嗜酒如命，常常喝得酩酊大醉，而且衣衫不整，完全没有将军的样子。很多人都建议林肯撤掉格兰特的职务，可是林肯却赞美格兰特："格兰特总是打胜仗，要是我知道他喝的是哪种酒，我一定要把那种酒送给其他的将军喝。"格兰特听后非常感动，于是决定用更好的表现来回报林肯的信任。

大家都觉得格兰特将军是个酒鬼，所以以此来攻击他，林肯干脆借题发挥，在喝酒这件事上大做文章，赞美格兰特将军会打仗应该是喝了太多好酒的缘故。林肯之所以这样说，一方面是讽刺那些人只看到格兰特的缺点，却忽略了他是个常胜将军的事实，另一方面则是肯定了格兰特将军的能力，认为他比其他将军做得好。

其实生活中，我们常常会遇到类似的事情，很多人因为某人身上的缺点而怀疑或刻意忽视他所具备的优点和能力。这个时候你不妨将计就计，在他们所说的缺点上借题发挥，引出那些优点，从而使缺点和优势形成鲜明的对比，这样的对比往往很有说服力，别人听了也会觉得很有道理。

（3）反其道而行

拿破仑非常喜欢自己的妻子约瑟芬，他常常赞美约瑟芬的美丽善良，有一次，这位法兰西大帝趴在约瑟芬的耳边，以一种近乎哀求的口吻说道："啊！我祈求你，让我看看你的缺点，请不要那么漂亮、那么优雅、那么温柔和那么善良吧。"

一般人为了赞美对方，常常会费尽心力来找对方身上的优点，这样就有了发挥的素材和赞美的焦点。不过拿破仑却反其道而行，他故意寻找缺点，当然自己很难找到什么明显缺点，而这实际上就是一种最有力的赞美。这种方式就像是解数学题中的反证法一样，想要证明这个论题是正确的，你不妨想办法证明"论题错误"这个假设是不成立的。在人际交往中这种方法往往能够起到很好的效果，因为从寻找缺点而不可得的角度来夸赞，这样的赞美无疑更具有个性和说服力。

（4）故意责备

在中国的影视作品和小说中，常常会出现这样的场景：当某个人表现出众时，常常会有一个羡慕或嫉妒的人出来"搅局"，故意进行批判和指责："你为什么总是那么出色，你让我们这些人的脸往哪儿搁？""你老是表现得那么好，就没想过我们这些人的感受吗？"这种戏谑和指责实际上就是一种间接的夸奖，起到的是一种反衬和对比的功效。

当然，除了以上几种新颖的夸奖方式以外，还有一些比较另类的夸奖方法，这些方法有一个共同的特点就是不落俗套，能够出奇制胜，可以有效制造反差，可以通过移位来突出重点，因此效果往往要比直接给予赞美和常规性的赞美方式更好。我们在和别人交往的时候，为了让人耳目一新，为了让别人更好地记住自己，同时又避免被人误解为敷衍了事或奉承谄媚，不妨试一下这些比较另类和新颖的赞美方式，相信一定会赢得对方的欢心。

第七章

小心朋友背后的刀子，要保证安全

喜欢和你对比的朋友，会在暗中破坏你的好事

肖邦很早就成为出色的钢琴演奏家，可是他却一直得不到大家的认可，甚至很多人在背后诋毁他，就连一些朋友也认为肖邦还欠缺火候，没有真正具备大师级别的能力。他们之所以会这样说，完全是因为肖邦的能力太出色了，以至于身边的人都在嫉妒他，那些朋友不仅不帮助他，还处处泼冷水，暗中搞破坏。

据说有一次，肖邦请求一个好朋友帮他联系剧场，好让自己表演，争取让其他人看到他的实力，尽早地认识他，可是这个朋友却推三阻四，还认为肖邦只是为了挣钱才会这样做。朋友的话让肖邦觉得很伤心，所以他黯然取消了这一次的表演，与此同时发现了朋友对他的冷淡和排斥，为此他只好远离家乡，开始周游欧洲各国。

当肖邦从波兰辗转来到巴黎时，遇上了当时的钢琴大师李斯特，两个人还有幸交谈和切磋了一番，李斯特听完肖邦的演奏后，惊叹不已，他对肖邦的绝世才华十分敬佩。但与此同时他也非常疑惑，为什么像这样一位天才却一直得不到大家的重视呢？为此，他安排肖邦在巴黎的剧院里进行了一场别出心裁的演出。那一天，剧场里的灯光全部熄灭了，而肖邦就在黑暗中为众人演奏，结果演奏完之后，听众都惊讶不已。从此，肖邦一夜成名。

如果没有遇到李斯特，或者李斯特也是一个嫉妒人才的小人，那么肖邦也许永远都不会出头，这样一个伟大的钢琴家从此湮没在平凡的人群之中。而从肖邦的境遇中，我们可以看出生活中那些所谓的朋友，有时候并非真心实意对我们好，有时也会对我们心生嫉妒，而恰恰是这种嫉妒不断地伤害和折磨着我们。

法国作家格尔夫曾经说过："我们通常只愿意把矛头指向前面的对手，却没有想过用盾牌来抵挡身后的人。"在生活中，那些站在身后的支持者，那些为我们摇旗呐喊的朋友，往往也会对我们造成一些负面影响，也会想办法暗中进行破坏。而造成这一现象的原因在于群体内部也存在矛盾和竞争，只不过我们通常选择了忽略和漠视。

简单来说就是嫉妒心理，当朋友之间的地位出现失衡的时候，彼此之间的关系也可能出现失衡，这时朋友会因为嫉妒而成为对抗你的敌人。嫉妒可以说是人类与生俱来的情感，每个人都渴望获得别人的认可，为了获得这种认同感和存在感，我们会嫉妒别人，嫉妒朋友，嫉妒那些比自己强大的人。当然，别人也会因此而嫉妒你，但这种忌妒心应该有一个限度，更多时候应该是一种羡慕。如果有人处处和你对比，想办法要将你比下去，想办法要让你过得更惨一些，那么这种强烈的忌妒心很可能会演化成仇怨。

在生活中，这种人一般都喜欢和别人对比，喜欢和别人竞争，他们看不惯别人比自己强，看不惯自己总是跟在朋友身后，所以总想着成为朋友圈中的核心人物。在工作中，他们想要成为核心；在生活中，他们渴望成为焦点人物；在比赛中，他们总想着击败所有人。而当你越来越强势的时候，别人就越来越嫉妒你，就越是要在暗中搞破坏。

这一点其实在朋友身上表现得最为明显。首先，朋友经常在一起，彼此之间接触最多，掌握的信息也最多，一旦你获得了成功，那么就会很快被他们察觉，而且明显会打破原有的那种平衡。你的朋友会认为自己变得黯淡无光，会认为你抢走了所有的舞台和目光，会认为你让所有人都变得无足轻重。

因此，他们会从朋友演化成为一个妒忌的人，从支持者变成一个反对者，他们往往会趁你不注意的时候暗中动手脚，暗中搞破坏，在背后伤害你，为的就是让你不那么称心如意，为的就是继续维持原有的那种平衡。

牛顿是名扬世界的科学家，他受到很多人的爱戴，可是却很少有什么朋友，原因在于那些朋友非常嫉妒牛顿的才华和能力，更对牛顿的成功感到反感。这些人原先也是科学家，可是所获得的成就和牛顿相比简直不值一提，正因为这样，他们开始疏远牛顿，并且经常给牛顿使绊子。

据说，有一次牛顿在和朋友交谈的时候，突然对天体力学方面有了新的灵感，于是就将大概的想法写在了一张纸上。之后两个人聊起彼此的生活，半个小时之后，牛顿去偏厅里泡茶喝，结果这个朋友竟然将纸条丢到火炉中去，等到牛顿回来的时候，朋友谎称是大风将纸条吹进了火炉。

牛顿看了看屋外并没有什么风吹的迹象，于是意识到可能是朋友故意这样做的。他的内心很不舒服，觉得朋友这样做实在太可恶了，而且自己也已经记不清到底在纸条上写了些什么东西了。当天他默不作声地离开了朋友家，而且再也没有和这个朋友来往过。

　　古人说"木秀于林，风必摧之"，任何一个群体中，都有一种平衡，所有的人只有维持在这种平衡内，才会变得和睦融洽，如果你打破了这种平衡，那么你的朋友很有可能将矛头指向你。所以有时候做人应该低调一些，需要谦卑一些。当然，我们在谦卑低调地隐藏自己实力的时候，也要懂得和那些喜欢与自己对比的人保持距离，这样的人功利性太强、忌妒心太强，常常会因为嫉妒而做出有损朋友利益的事情来。

那些完美主义者，只会让你无地自容

生活中有很多完美主义者，他们总是期望自己能够做到最好，无论做什么事情都要努力做到最完美的状态，根本容不得一点儿瑕疵，容不得一点儿缺陷和纰漏。与此同时，他们也常常会要求身边的人做到最好，会以一种高要求来对待身边人，这样往往会让他身边的人感到不自在。

对于完美主义者来说，如果你没有做出最出色的成绩，没有考到最高分，没有将事情做得天衣无缝，没有改正所有的缺点，那么在他眼中你就是一个失败者，他可能对你冷嘲热讽，甚至进行责罚。而在这样一种严苛的状态下，你所承受的压力可想而知。

如果说谁是那个最喜欢追求完美的人，苹果公司的乔布斯无疑榜上有名。这位出色的企业家同时也是一个追求完美的疯子，在他的脑海里总有一个完美的产品设计，而他的员工只需要按照这种设计去生产产品就行了。据说乔布斯不允许员工犯一丝错误，只要被他发现了，必定要被骂得狗血淋头，因此，员工们都很敬畏他。很多员工表示他们非常害怕和乔布斯同乘一部电梯，他们担心乔布斯突然大发脾气，然后让自己收拾铺盖滚蛋。

　　这就是乔布斯总是缺少朋友的原因，因为在他眼里别人都是不完美的，而在他的朋友看来，想要接近乔布斯需要付出极大的勇气，也要有非常强的能力和心理素质，因为你很有可能在和乔布斯的对比中输得一败涂地，甚至有可能因此患上抑郁症和自卑症。

　　我们在生活中也可能会遇到类似乔布斯这样的朋友，他们是工作强人，也许还是天才式的领导者，他们各方面的条件都很优秀，他们总是信心满满地工作和生活，总是渴望将自己生活中的一切都做到完美，总是希望将自己打造成一个最完美的人。此外，他们也乐于将这种完美主义强加到你身上，不希望你马马虎虎凑合着过日子，不希望你缺乏上进心，在他们看来，生活的本质就是精益求精，而作为他的朋友，你也绝对不能马虎过日子。

　　面对这样的朋友，面对那些苛刻的要求，你只会感到痛苦和难堪，因为你往往没有办法做到完美，你根本达不到朋友的要求，你甚至会因为朋友之间的这种差距而感到自卑。佛说："人之所以痛苦，在于人们追求错误的东西。"当你遇到这样一位完美的朋友时，你对生活的理解也许会出现偏差，你会过分地追求完美，而这将成为你沉重的负担。

　　有个老禅师出门前让小和尚把院子打扫干净，于是小和尚将院子打扫得一尘不染，老禅师回来后，看了看地面连连点头，但是他总感觉院子里少了点什么。这时只见他走到一棵枫树前，轻轻摇了摇树干，将很多红色的枫叶摇落在石阶上，然后才心满意足地离开。小和尚感到很困惑，自己好不容易才把这些树叶一一打扫干净，为什么师父还要故意将树叶摇在地上呢？这样不是又不干净了吗？老禅师笑着说："这样不是更有秋天的美感吗？"小和尚听完后恍然大悟。

我们常常喜欢追求完美，但哲学家说："这个世界的本相就是缺陷。"可以说世界上根本不存在绝对完美的东西，而且我们也不需要完美的东西。生活需要一种缺陷美，它就像美人脸上的黑痣一样，正是有了它的出现，才使女人更具魅力。当古希腊的雕刻大师们都想要苦心雕刻出最完美的维纳斯时，却不料一个断臂的维纳斯成为经典中的经典，当一个东西表现得太过完美时，就失去了张力。古话说："水至清则无鱼，人至察则无徒。"可以说，过于完美往往是一种累赘，往往是一种畸形的形态。既然如此，我们为什么还要努力去接近完美呢？

在为人处世的时候，精益求精固然没有错，但是我们不能一味追求完美，这个世界上没有完美的人，没有完美的朋友，朋友的能力也是有限的，所以你根本没有必要在意那些对比。每个人的能力和天赋也不一样，拥有的条件和环境也不一样，你缺乏那些条件，那么自然也就没有办法达到朋友的强势与优秀状态，这是短时间内我们没有办法改变的，既然这样，我们就没有必要去改变。

如果你有朋友是完美主义者，如果他们总是在你面前炫耀，或者动不动就要求你把事情做得更完美一些，面对这样的情况，我们最好还是保持淡定，不要受对方的影响，我们只做力所能及的事情，我们只对自己能力范围之内的事情负责。其实对方的完美表现和高标准会打击你的自信心，会让你自惭形秽，让你变得更加自卑，你往往会感到压力重重，长此以往反而会阻碍你的发展。

有位母亲为了让自己的孩子有更好的教育环境，将自己年仅十岁的孩子送到一个市重点培训班学习。这个培训班里的孩子都是市里的尖子生，能力出众，而且表现得非常完美，也都很好强。母亲认为让孩子和这些人成为朋友，那么孩子的学习成绩一定会得到提升。

可是半年之后，这位母亲发现孩子的成绩一落千丈，而且变得不善交际，甚至有些自卑抑郁。母亲觉得很奇怪，为什么孩子和那些优秀的学生接触之后，反而变得更差？她不得不带着孩子去看心理医生。心理医生在了解情况之后，建议这位母亲让孩子离开这个培训班，因为孩子之所以会变得自卑，就是因为在那样一个相互对比竞争的环境中，他承受了巨大的压力，而他周围的朋友又都是尖子生，都是完美学生的代表，这会让他感到挫败。母亲听了立即照办，让孩子远离了那些优秀好强的学生。几个月之后，孩子又渐渐开朗自信起来，学习成绩也有了很大的提升。

所以如果你的身边存在那些追求完美的人，那么最好还是保持距离，因为这样的人往往会对你的生活方式造成冲击，会影响你对生活的看法，同时也会让你变得更加自卑。与其这样，还不如一开始就保持距离，以免被对方的生活方式影响。

有时候我们不需要在乎别人对自己的看法，不需要像别人一样达到完美状态。一方面你根本做不到，另一方面当你的身边存在一个喜欢对比而且事事争强的完美主义者时，如果你想要迎合对方，最终只会被他们拖垮。其实一个人最好还是按照自己原有的节奏去生活，按照自己的想法顺其自然地生活，这样你才能够过得更加开心自在。

只想让你围着他转的人，往往会轻视你

在生活中，我们发现每一个圈子里都会有一个或者几个核心人物，这些人通常都是圈子里的轴心，是支撑这个圈子的重要支柱。在家庭中，父母通常是这根轴；在团队中，管理者或者能力最强的人通常是那个轴心；在舞台上，那些主角才是轴心；而在朋友中，那些社交能力更强的人往往会是这根轴。当然，作为群体中的核心人物，并不意味着你可以享受至高无上的荣耀和权力，作为轴心人物，意味着你身上的责任和担子更重。

不过在生活中，有些人却将核心人物当成主角，认为核心人物就可以搞特殊，就可以享受特权，并要求所有的人都围绕自己来转。他喜欢对其他人下达命令，喜欢让其他人来衬托自己的高大形象，这样的人往往有官位意识，喜欢追求权力，爱慕虚荣，轻视那些边缘化的人。对他而言，自己才是唯一有价值的，才是整个生活舞台上最灿烂夺目的，其他人只能是点缀，只是微不足道的存在。

朋友之间最重要的是平等，如果有人想要搞特殊，想要制造落差和辈分，那么对任何一个朋友都是不公平的，这样做只会破坏朋友感情而已。而且所谓的核心往往是别人推举的，大家心甘情愿把你当成一个精神上的支柱来看待，而不是你自封的。如果你过分地轻视别人，是对朋友的一种不尊重。没有人愿意只当绿叶，没有人愿意一直围绕着别人转，你想成为主角，别人也想。所以在和朋友交往的时候，谦卑的人往往更受欢迎。

因此，我们对于那些只想让其他人围着自己转的朋友还是应该保持警惕，不能被那种人欺负。比如在创业的时候，如果有朋友想要当法人代表，想要成为总经理和管理者，这并非不可以，但是如果有人想要借机成为掌控者，成为独揽大权的人，想要将他人挤出权力圈之外，想要让所有人按照自己的意志和命令行事，那么你就要提高警惕。事实上像这样的朋友虽然有承担责任的勇气，但更多时候，对方恐怕还是贪图权力，还是为了确保自己的优势地位。这样一来，很可能会因为出现权力之争而导致创业的失败，甚至还会因此而影响到朋友之间的感情。

作为 NBA 历史上最著名的球星之一，科比可谓年少得志，在 24 岁的时候，就已经握有三个总冠军戒指，这对很多奋斗了一辈子却毫无收获的球员来说，简直就是梦寐以求的事情。不过提起科比之前的这三个戒指，很多人都会说："这没什么了不起的，这都是沙克的功劳，他只是一个小跟班。"

的确如此，在科比最先获得的这三个总冠军当中，他的队友兼好朋友"大鲨鱼"奥尼尔是绝对的主角，这位 NBA 历史上最具统治力的中锋在这三个冠军中的戏份显然是最重的，他所做出的贡献也是最大的，所有人都认为奥尼尔才是雷打不动的核心，就连乔丹来到队里，教练也会让乔丹围绕着奥尼尔来打。

这样的状况多少让科比有些恼火，实际上好胜心很强的他，一直以来就想摆脱奥尼尔的阴影，而且奥尼尔也一直强调自己才是核心，所有人都必须乖乖给自己喂球。正因为这样，科比和奥尼尔的球权之争开始显现出来，很多时候，两个人都在球场上明争暗斗，谁也不服谁。而在场下，奥尼尔则竭力讽刺科比，认为这样的人只配当个小跟班，可以说没了自己，科比就什么也不是。

结果 2004 年，当湖人失去总冠军之后，奥尼尔和科比的矛盾正式爆发，科比明确表态不想和奥尼尔待在一个队里，他也没有办法忍受对方的讥讽和轻视。湖人队自然知道一山不容二虎，于是交易了日渐老迈的奥尼尔。交易之后，湖人队进入了低谷，此时奥尼尔又多次讽刺科比能力不行。这深深刺激了科比，之后的几年，科比进入爆发模式，屡屡创造得分奇迹，到了 2009 年，他终于凭借自己和队友的努力，再次获得了总冠军，而且一年之后，他实现了卫冕，这一刻，科比真正步入了最伟大的球星行列。

想要处理好团队关系、朋友关系，那么任何人都不要渴望在朋友圈中称王称霸，不要幻想着成为群体的核心和老大，更不能对其他人颐指气使、不屑一顾。对于我们每一个人来说，不争权夺利，不搞特殊，这是一个交际的基本原则，当然我们还要谨防那些想要当"红花"的朋友，尽管印度大诗人泰戈尔说："果实的事业是尊贵的，花的事业是甜美的，但是让我们做叶的事业吧，叶是谦逊地专心地垂着绿阴的。"可是如果你的朋友是一个有野心且重视权力的人，那么你没有必要去当那个绿叶，因为在对方眼中，你们都是绿叶，而且都是价值不高的绿叶。既然如此，你不妨主动远离那样的红花，以免受人轻视。

有总是要求别人做事的朋友，你注定要受气

在生活中，我们常常会发现有些人是天生的"指挥家"，他们往往很有兴趣指使别人干这干那，而且常常要求别人一定要达到自己心中制定的标准。而这样的人往往难以和周围的人融洽相处，因为对于其他人来说，和这样的人打交道往往会受到无端的指责，会面临巨大的压力。

其实很多人心中都会有疑惑，当对方要求别人达到高标准时，他们自己又是否能够做到呢？对方是否也一样将生活和工作都做到极致了呢？是否也达到了完美的状态呢？孔子说："己所不欲，勿施于人。"一个人在对朋友制定高标准时，自己应该以身作则，要求朋友做到时，自己首先应该做到，如果自己都做不到，那么也就不用去要求别人了。

所以，我们在面对那些喜欢命令别人，喜欢要求别人做到而自己却根本没有动手能力的朋友时，应该懂得维护自己的"合法权益"，应该懂得适当予以反击。一味迎合这些朋友的要求，一味做出妥协，只会让你受更多的委屈，只会让你失去更多的自主意识。

其实朋友相处有时候就像父母和孩子相处一样，父母在教育那些调皮捣蛋孩子的时候，常常会强制性地要求孩子改掉一些不良习惯，会强制性地要求孩子达到某一个标准，这时候父母的注意力

通常是在孩子身上的。可父母往往忽略了一个最重要的因素，那就是自己，也就是说父母自己是否能以身作则，是否能够做到那些事情，是否能够克服自身的一些缺陷呢？其实，父母是孩子最天然、最直接的模仿对象，如果父母自己都做不到，那么又拿什么来教育子女和要求子女呢？父母越是强制，孩子可能会越来越逆反，因为对孩子们来说，爸爸妈妈似乎一直以来就是这么做的，这并没有什么不妥。

朋友交往也会发生这样的情况，很多时候一些朋友会以自己为中心，希望别人能够服从自己的意志行事，希望别人能够按照自己的要求办事。对于这样的朋友，你所要评判的标准只有一个，那就是对方是不是也能够达到这些要求。如果达不到，那么就不用太过在乎，而且最好还要和对方保持距离，因为这样的人往往比较自私，他们不能严于律己，却总是严苛待人，这种人并不是一个称职的朋友。

好的朋友应该是一个好的榜样，能够成为你的领路人；好的朋友至少应该和你携手并进，而不是在背后催促你、指挥你，自己则什么也做不到；好的朋友应该懂得为他人着想，应该严于律己，宽以待人，不能过分要求别人，不能过分强调别人应该做什么、应该怎么做，这样只会让身边的朋友感到心寒。

有个年轻人曾经和朋友一起做生意，一开始两个人的合作还比较默契，可是过了一段时间之后，年轻人发现朋友俨然变成一个领导，常常让自己做这做那，而且明确要求必须做到。这样的情形让年轻人心里很不是滋味，两个人原本就是合作伙伴，彼此之间应该是平等的，为什么对方要用这种居高临下的语气对自己说话呢？为什么对方总是想着让他去干这些活呢？事实上对方根本什么也不做，而且什么也做不好。

其实，当出现问题时，两个人应该一起去面对，应该一起去承担，可是现在的情况却是，对方坐镇军中当主帅，总是指挥别人。更重要的是，那个朋友自己也没有什么能力，提出来的一些要求连他自己也做不到，却还强制性地要求别人做到，这很不公平。正因为如此，年轻人发现这样的合作模式完全不是自己所期待的那样，所以干脆退掉了股份，然后自己另起炉灶。

很多人也许会认为，当朋友不断要求自己做到的时候，实际上是对自己的鼓励，是对自己的器重，证明对方对自己有很高的期待。但实际情况可能并非如此，因为很多喜欢要求别人的人往往期望通过指挥别人来获得自我存在的价值，来展示自己存在的方式。这种人往往比较自私，而且对别人有比较深的妒忌，他们渴望通过打击和虐待别人获得快感，通过命令和强求别人体现自己与众不同的一面，这样的人显然不适合交朋友。

他指责你，否定你，打击你的信心，让你变得更畏缩。你拼命地找自己的错误和不足，想努力跟上他的脚步，慢慢开始落于下风。这一切似乎在不知不觉中进行。当你发现自己没有了信心，倍感压抑的时候，你都不知道在什么地方出现了问题。有这样的人潜伏在你的身边，所产生的影响就像夜色，慢慢地浸染过来，逐渐地腐蚀掉你的自信，打击你的尊严，让你无法得到自我认识上的平衡和感情上的平等。

　　所以，对于那些只想着要求别人去达到自己想要的目标的人，我们更应该保持理性，不能完全听从对方的指挥，哪怕是面对朋友，我们也应该有自己的主张，也应该有自己独特的想法。更重要的是我们应该谨记一条：朋友之间应该是平等的，"吾不欲加诸于人，亦不欲人加诸我也"。如果有人试图欺凌自己，有人想要在朋友当中搞特殊，想要故意刁难于人，那么我们不妨主动撇清这段关系，以免受人摆布。

朋友也会出现审美疲劳，小心缺点被人放大

平时，我们常常会听到朋友的一些"忠告"："你这个人脾气太坏，你的能力太弱，你的想法太偏激，你缺乏足够的自我认知能力……"听上去似乎显示了朋友对自己的关心，但细细想来，也许并非如此，比如说有一些缺陷你可能根本不存在，有一些缺陷则没有对方说的那么严重，很显然你的缺陷在朋友眼中被放大了，你的形象甚至被朋友妖魔化了。

之所以会出现这样的情况，是因为很多时候，朋友对我们太熟悉了，以至于产生了审美疲劳，这个时候，你身上的缺点就可能被无情地放大。尽管我们常说，朋友是指正我们的老师，他们会对我们犯下的错误提出批评和指责，但是这种批评往往存在一些误解和夸张的成分。这就像恋人一样，在最初相处的时候，总是认为对方是完美的，可是随着接触的深入，就会慢慢发现对方身上的缺点，而等到出现审美疲劳时，就会从最初的情人眼里出西施，演变成认为对方浑身都是臭毛病，这些缺陷会不断被放大，以至于对方看上去就像是浑身有缺陷的人一样。

而当缺陷被放大之后，双方就很有可能因此而产生矛盾冲突，因为对方往往会拿你的缺点说事，会不断嘲弄和批评你身上的缺陷，这样一来你可能会受到朋友的伤害，而这对朋友之情也会产生

破坏性的影响。

在清朝末年，有姓张和姓霍的两个山西商人一起外出闯荡，在历经艰险之后，两人发了财，而且成了很要好的朋友，两家人甚至一度准备联姻。不过由于两个人长时间在一起，彼此知根知底，难免产生了审美疲劳。有一次两人和一大帮朋友聊天，结果姓霍的人不住地唠叨，这让姓张的朋友看不下去了，他就数落起姓霍的人的不是，不仅将他身上的很多缺点——说了出来，还添油加醋了一番。

姓霍的朋友听了很不是滋味，两个人一直以来都很好，为什么对方要在大庭广众之下如此数落自己？而且多数话还是言过其实。于是他非常生气地斥责了对方，没想到对方把话说得更加难听了。这更是让他怒火中烧，于是当即宣布和对方绝交，对方也毫不示弱当场表示同意。结果此后两个人变成了世仇，不仅经常互相进行人身攻击，还将自己的孙子分别取了对方的名字，以示侮辱。

审美疲劳的出现往往预示着友情的衰退，所以当朋友对你产生审美疲劳的时候，一定要谨慎处理彼此之间的关系，比如，不要轻易刺激对方；不要总是将自己的缺点暴露在对方面前；不要过多地和对方探讨自己的私事和秘密；不要和对方过于亲近。这样做的目的是造成一定的疏离感，也是一种自我保护的措施，同时也是对彼此之间感情的一种挽救。

心理学家认为适度的距离往往会产生亲近感，尤其是在亲密的人之间，比如当朋友之间相互告别的时候，那种依依不舍的感情会更加浓烈，当朋友相隔两地的时候，那种思念和亲切感会不断加深，因此王勃说："海内存知己，天涯若比邻。"可是，当朋友们成天聚在一起的时候，那种知己的感觉和交情还会那么浓厚吗？

　　除了适当保持距离之外，还要懂得维持友情的新鲜度，很多人认为朋友之间的友情应该像老酒一样，越放越香，可很多时候，老酒难以迎合新胃口。比如说很多人在外闯荡多年，接触了更多的新东西之后，他和老朋友之间的生活价值观可能会出现分歧，两个人对待彼此的态度也会出现一些细微的变化，尽管表面上看起来很不错，可是私底下，你可能会抱怨对方太老土、思想太封闭，而对方则会埋怨你太新潮、太激进、不够稳重。

　　最好的方法就是懂得及时做出改变，应随着朋友关系的变化，随着时间的变化而做出改动，要始终维持新鲜感，要让朋友觉得你仍旧具备很强的吸引力。而保持新鲜度的做法有很多，比如适当改变自己的形象，比如选择新的交际方法，又或者在与朋友的日常交往中加入一些新元素。

　　无论如何，我们都需要警惕朋友之间的审美疲劳，如果发现你的朋友开始对自己失去兴趣，并且喜欢开一些恶性的玩笑，那么就要及时做好防备，处理好和朋友之间的关系，以免对方对自己造成严重的伤害。

面对那些喜欢以偏概全的朋友，你会被贬得一无是处

20 世纪 20 年代，美国著名心理学家爱德华·桑戴克发现了一个震惊世界的心理效应，就是"晕轮效应"，所谓晕轮效应，是指在人际相互作用过程中形成的一种夸大的社会印象，如同日、月的光辉在云雾的作用下扩大到四周，形成一种光环作用。它常表现在一个人对另一个人（或事物）的最初印象决定了他的总体看法，而看不准对方的真实品质，形成一种好的或坏的成见。

桑戴克经过多年的研究，发现人们在判断他人和认知他人的过程中，通常从某个局部出发，由对方身上的某一个点、某一个面开始，直接扩散得出对方的整体形象。当人们发现某个人身上的优点时，对方很可能被这些"好"品质笼罩起来。如果人们过于看重对方身上的某个缺点，那么对方就会被"不好"的光环所笼罩，这时，他身上所有的品质都会被当成坏的。

很多人认为晕轮效应通常出现在陌生人之间，由于彼此缺乏了解，因此免不了要以偏概全，事实上晕轮效应在亲密的人之间也会出现，最常见的就是父母子女之间。比如说很多叛逆的孩子常常会遭到父母的奚落，认为他们一无是处，然而孩子们尽管并不擅长读书，但可能拥有一技之长，可能在某个方面拥有很大的优势，可这

个时候父母却认为子女根本什么也做不了，常常直接否定孩子的兴趣和创造性。

朋友之间也会出现这样的情况，很多人抱怨自己的朋友常常贬低自己，认为自己一无是处，常常会借着关心的名义否定自己。比如当你提出某个观点时，对方会立即呛声，给你拆台；当你指定某个工作目标后，对方会嘲笑你只是一时冲动；当你想要做成一番大事的时候，对方则会说你幼稚，说你缺乏远见。

而朋友之间之所以会出现以偏概全的现象，就是因为彼此之间的沟通不够，虽然双方可能成天在一起，但是却没有过深入的交流，没有准确了解对方内心的想法。所以当双方真正开始交流的时候，会产生隔膜和成见，因为对方仍旧会抓着你的某些小缺点不放，会拿你失败的经历说事，还会惯性地认为你"不行"，会觉得你无论做什么都不会成功，无论做什么都只是意气用事而已。这样的评价往往很伤人，尤其是当它们来自你的好朋友时，你更会感到失落。

当乔布斯将库克选为苹果公司接班人的时候，库克将这个消息告诉了朋友，可是很多朋友都认为这位未来的接班人一定会将苹果公司整垮。原因很简单，因为库克向来就不是一个好的创新者，而苹果公司正是依靠创新才走到了今天，在他们看来，偏于温和的库克本身就是一个平庸的人，根本不能够掌控这样一家富有发展潜力的公司。他们告诫库克应该知难而退，毕竟苹果公司留下了乔布斯的烙印，而库克很可能只会充当苹果日薄西山时的炮灰，一些朋友甚至恶意攻击库克，很明显他们中有些是苹果的粉丝，有些则是股东，他们可不希望库克搞砸了这一切。

朋友的话让库克很伤心。其实不仅仅是朋友，外界都在质疑乔布斯是否疯了，或者这是不是苹果公司内部抢班夺权的黑幕。但是库克执掌苹果公司以来并没有出现什么明显的纰漏，尽管创新能力不足成了硬伤，苹果公司仍然是最挣钱的电子科技公司。其实，库克的伤心并不是没有道理的，毕竟他曾经在 IBM 公司待了 12 年，而且他有一个优势，那就是出众的营销能力，可以说苹果公司这些年的运营水平得到提升，和库克的能力是密不可分的。据说后来库克开始刻意和朋友们保持距离，很显然他并不想受到这些人的影响。

很多人都会对朋友之间的以偏概全产生误解，认为朋友之间一定是相互包庇和美化的，即便朋友存在很多缺陷，彼此也会说成好的。其实现实的情况并非如此，我们在防备朋友的吹捧时，同样需要承受住来自朋友方面的"抹黑"。这种抹黑并非总是出于嫉妒，有时候，由于认识不够深入，由于相互之间不能够交心，朋友很可能会过分关注你的某一个缺点或失败经历，从而全盘地否定你。

朋友的否定有时也许是出于一种关心，但这种关心往往带有一定的主观性和盲目性，会毁掉你的生活，比如伤害我们的自尊心和自信心，伤害我们的积极性，而且很可能会给彼此之间的感情带来影响，会破坏我们对彼此的信任。因此当朋友以偏概全地评价我们时，我们更应该努力做事证明自己的实力，并且提醒朋友注意言行，以免造成更深的误解，以免双方发生激烈的冲突。

Chapter 8

第八章

借助智慧，化解朋友间的冲突

做好自我批评，你的批评才有效果

狩猎女神阿耳忒弥斯在睡梦中不小心打破了自己的一个宝贝，醒来的时候，女神将所有的仆人叫到身边，准备就此事进行调查，当然到最后也没有一个人站出来承认这事是自己干的。阿耳忒弥斯勃然大怒，于是对全体人员进行责罚。第二天，她跑到宙斯那里诉苦，认为下人都开始不尊重自己，竟然公开在自己的房间里做坏事。宙斯知晓一切，所以轻轻说出了阿耳忒弥斯做梦时打破宝贝的事情。阿尔忒弥斯听后羞愧不已，主动承认错误，然后对所有的仆人道歉。

作家张爱玲曾经说过："有的人总是抱怨找不到好人，一两次不要紧，多了就有问题了。首先你要检讨一下你自己本身有没有问题，如果没有，那就要审视一下自己的眼光了，为什么坏人每次都让你碰到？"用一句平实的话来说，就是在批评别人前，先看看自己是不是有什么缺点，你需要先做好自我批评，应该先找出自己身上的缺陷，这样才有资格去批评别人，才有资格去教育别人，而且批评的效果也会更好一些。

很多时候，我们常常会犯下一个错误，那就是当我们在批评别人的时候，往往忽略了对自己的审视和批判，往往忽略了自己身上的那些问题。当你喋喋不休地抱怨别人时，当你总是抓着别人身上的缺陷时，当你将所有的失误和责任推给别人时，是否想过自己才是那个麻烦制造者，是否想过自己身上也存在一些问题？

尤其是在批评朋友的时候，很多时候我们自认为出于关心，自认为友情比较坚固，就可以大胆而放心地批评朋友，可以毫无顾忌地对朋友的一些错误做法质疑和否定。但朋友也是有自尊的，朋友也会有自己的想法，我们在批评对方的时候，也需要注意分寸，需要顾及对方的感受。而最好的方法就是降低姿态，就是主动做自我批评，因为你的自我批评实际上就是一种表态，就是树立一个好的榜样，当你表态之后，对方的防备之心也会降低。

这就像父母教育子女一样，在批评子女的时候，最好能够自我检讨，应该先自我批评，这样孩子会更快地意识到父母的苦心和关心，会意识到自己的错误。朋友之间也是如此，当你想办法让朋友意识到自己的错误时，最好的办法就是先做自我批评，这样可以为自己提出的批评做好铺垫，从而引导对方进一步改正自己的错误。

汉克斯曾经是哈佛大学的高才生，毕业后他曾经在很多大公司上班，更重要的是他和乔布斯的私人关系很不错，而且两个人还是同乡。后来应乔布斯的邀请，汉克斯跳槽进入苹果公司上班，汉克斯对此也感到高兴，毕竟苹果公司拥有众多的顶尖人才，而自己能和乔布斯这样的商业天才合作，肯定会受益匪浅，更重要的是两个人还是非常要好的朋友，彼此也很信任。

当然，在苹果公司里，大家都知道乔布斯是一个难对付的人，他对工作的要求近乎苛刻，可以说很少有人能够一下子就让乔布斯感到满意。正是因为这样，乔布斯常常喜欢批评别人，有时甚至毫不留情地让对方滚蛋，据说整个苹果总部没有被乔布斯骂过的人不超过 3 个，而被乔布斯当场骂哭的员工绝对超过了 100 个，这样的数据实在很惊人。

正因为乔布斯喜欢骂人，很多员工都很惧怕他，有的员工甚至刻意躲着他，但很多人仍旧难以幸免。当时有个段子说，当你在电梯里遇见乔布斯后，也许被辱骂几分钟后，你就可以收拾行李滚蛋了。

有一次，有个员工无缘无故被乔布斯骂了一顿，汉克斯实在看不下去了，于是替那个员工出头，准备去找乔布斯理论，并且决定批评一下乔布斯的臭脾气。可是当他找到乔布斯理论之后，乔布斯显得很生气，将汉克斯劈头盖脸骂了一顿，并且让他这样的"烂货"赶紧滚出去。汉克斯认为自己的好心被乔布斯当成了驴肝肺，认为乔布斯简直就是混账。

汉克斯离开乔布斯的办公室时，突然看到门口的黑名单，乔布斯那时常常会毫不留情地将那些工作不合格的人列入黑名单中，然后张贴在门口。当汉克斯看到黑名单之后，意识到自己可能在工作上犯了某些错误，想到这儿，汉克斯才理解为什么乔布斯会对自己发火。于是他立即返回乔布斯的办公室，然后对自己犯下的错误做了自我批评，而此时乔布斯也心软下来，主动承认了错误，并当场答应会向那位员工道歉。

很多时候，我们都理所当然地认为批评一个犯错者并没有什么不恰当的，尤其是对朋友进行批判，我们觉得这是关心和负责的表现，可是我们往往忽略掉了一点：骂人并不能使情况变得更好，我们的批评可能会毫无用处，反而破坏朋友之间的感情。其实想要解决问题，想要化解分歧，我们永远不应该将矛盾指向别人，而忽略对自己的认识和反省。

在心理学中，有一个自我批评效应，如果你想要说服别人，想要让别人接受自己的批评，最好的办法就是自我批评，因为人人都有自尊，没有人愿意遭受批评，如果你敢于承认自己的不足并对自己做出批评，别人就会顺从你的行为，接受外来的批评和惩罚。

有人说："批评者不应该站在审判者的高度来评价别人，也不应该把自己当成站在正确立场上纠正错误的人，这样无疑就把双方对立起来了。"我们在批评朋友的时候不能太过直白，而应该掌握一些技巧。当我们用自我批评做引子时，受批评的人就不容易心理失衡，相对而言，朋友在情感上就更容易接受你提出的批评。

大事化小，把伤害扼杀在摇篮里

中国有句话："大事化小，小事化了。"意思是当发生矛盾的时候，起冲突的双方要懂得将矛盾尽量降低，要将大问题变成小问题，要懂得缩小冲突的范围和深度，这样一来，双方才有可能将大矛盾变小，这样解决起来就比较容易，彼此之间的伤害也会减少。

"大事化小"实际上是一种非常高明的交际手段，毕竟人与人生活在一起，难免会有竞争和冲突的时候，即便是朋友，两个人之间也容易出现一些不和谐的因素，但是有矛盾并不可怕，可怕的是矛盾得不到解决。所以我们可以选择将矛盾慢慢缩小，然后将其控制在一个相对安全的范围内，这样可以更好地解决矛盾冲突。

当然，如何大事化小，如何将大矛盾变成小矛盾，这需要一种更为高明的技巧，对个人的交际能力也是一种巨大的考验。一般来说，大事化小的方法有以下几种：

首先，做人不要太固执，不要总是用权力说话，不要依靠实力去压制对手，这样就可以减少针尖对麦芒的机会。那么，当双方的矛盾不断扩大的时候，就可以及时收手，从而让大矛盾慢慢变小。美国的里根总统曾经购买过英文版的《道德经》，他非常喜欢里面的一句话："是以圣人无为，故无败；无执，故无失。"意思是圣人不妄逞权能，所以不会失败；不抗拒渐进的演变，没有执念之心，所以不会使局面失控，也不会失去什么。

　　其次，主动道歉，主动做自我批评。如果想要改善双方的关系，想要让问题不至于失控，那么其中一方就必须主动认错和妥协，这样才能让事情出现转机，才能有机会更好地把问题控制在有限的范围内。但你永远不要指望对方先向你道歉，最好的方式就是自己主动去认错，就是及时做自我批评，这样对方也会软化，从而慢慢减少摩擦。

　　著名的成功学大师卡耐基有一次和办公室的同事因为一点事情而发生激烈争吵，彼此闹得非常不愉快，卡耐基认为这个同事目中无人，不禁怒火中烧，于是在纸上写下了许多报复性的话，还写下了各种辱骂性的言语。下班之后，他随手将纸条放进抽屉中，然后怒气冲冲地回家了。

　　第二天一大早，卡耐基显然从昨天的坏情绪中慢慢恢复过来，人也冷静了许多。而当他打开抽屉看到纸片上的字时，不禁大惊失色，他万万没有想到自己在愤怒的时候竟然会写下如此恶毒的话，要是真的纵容矛盾扩大，自己指不定还会做出什么更加过分的事情。想到这儿，卡耐基吓得心惊肉跳，立刻撕毁了纸片。中午的时候，他主动找到那位同事，然后向对方道歉，承认自己昨天有些失礼了，结果两个人之间的矛盾很快降温，而且再也没有发生过什么激烈的口角之争。

　　再次，可以用幽默来化解危机，朋友之间有时也会遇到困难，也会产生矛盾和冲突，当朋友对你的行为质疑的时候，当对方开始指责你并且准备摊牌的时候，你可以用幽默的语气将这种充满火药味的气氛化解掉。

英国前首相威尔逊在某次演讲前，刚好和朋友大吵了一架，两个人互不相让，甚至差点儿就大打出手。等到威尔逊上台演讲的时候，那个朋友仍旧怒火中烧，他坐在台下一直恶狠狠地瞪着威尔逊。由于心里的火气很大，这位朋友一时没有控制住自己，冲着威尔逊大声喊道："狗屎，狗屎。"其实这句话一说出口，他自己也开始后悔，这时全场的听众都不约而同地看着他，然后又转过脸看着威尔逊的表情。但这个时候，威尔逊非常从容地说："这位先生，请少安毋躁，我马上就会讲到你所提出的关于环保的问题。"这样一来，威尔逊利用自己的幽默化解了尴尬，而事后朋友也主动道歉，认为自己差一点儿就坏了大事。

最后，分解矛盾，将大问题分解成小问题，然后各个击破。很多时候朋友之间发生激烈争吵，往往不是因为一件事情，而是很多件事情全部纠缠在一起，结果让两个人的关系越理越乱。面对这样的情况，你所要做的就是将这些杂糅为一体的矛盾重新拆解开来，一个个问题去解决，这样不仅减少了风险，而且降低了解决问题的难度。比如当朋友之间发生争吵时，往往会将生活中的摩擦、工作中的摩擦、过去的摩擦、现在的摩擦一股脑儿说出来，会将对方的缺点全部数落一遍，既然这样，你不妨逐个解决，不能被所有的困难一次性绑架，这样才能避免受到更大的伤害。

很多时候矛盾都是有弹性的，也就是说可大可小，你可以进一步激化它，也可以想办法进行控制和缩小。因此，我们在解决矛盾纠纷的时候，应该尽量将问题往小的地方看，应该尽量将问题缩小再来解决。比如说当朋友之间出现经济纠纷或者准备打官司时，其实完全可以私底下进行解决，这样就可以尽可能地让分歧控制在小范围之内。

朋友之间的感情往往很珍贵，我们应当学会珍惜。也正因为如此，当我们面对矛盾冲突的时候，不要动不动就生气，不能动不动就争吵，我们更应该尝试寻找一个切入点，将矛盾的伤害降到最低水平，这样才能够确保友情不会受到矛盾的影响和破坏。

凡事退让一步，矛盾自然迎刃而解

　　韩愈位列唐宋八大家之首，受到了很多文化人的敬重。但在年轻的时候，韩愈恃才傲物、目空一切，而且常常和朋友发生口角，朋友们也开始刻意疏远他，不愿意和他交往。韩愈变得越来越孤单，于是开始显得很苦恼，并且终日长吁短叹。韩愈的妻子卢氏也是个读书人，她非常了解丈夫的为人，看到丈夫终日苦闷，于是写诗劝谏他："火求心虚，人求言实。欲成大器，必先退之。"

　　妻子的话简直就是醍醐灌顶，一语惊醒梦中人。韩愈这时才猛然意识到自己平时过于骄横，看不起别人，而且遇事还不喜欢退让和妥协，因此难免和朋友发生不快。而且正因为恃才傲物，自己才无法在仕途上有什么建树。找出症结之后，韩愈将妻子的诗好好珍藏起来，然后干脆用诗中最后二字为自己取字"退之"。自此，韩愈性情大变，和人相处时非常低调，非常友好，哪怕有什么冲突，他也会处处让人一步，这时很多人都开始主动和韩愈结交朋友，而他的人生也开始一帆风顺。

　　在生活中，我们常常会和朋友发生冲突，结果由于"公说公有理，婆说婆有理"，两人互不相让，以至于冲突被激化，引起更为严重的矛盾。面对这种情况，很多人往往会将矛头指向对方，认为朋友不能顾及自己的想法，认为朋友没有将自己放在心上，这样一来相互之间的争执只会越来越大，最终双方会产生怨恨，弄得两败俱伤。

正因为矛盾冲突可能会被激化，可能会伤害朋友，我们平时在处理这类问题时也应该像韩愈一样，遇到冲突时，不妨主动退让一步。主动退让的人往往可以给别人一个台阶，这样对方一般也不会对你发动凌厉的攻势，转而会想办法做出妥协和退让，这样一来，相互之间的矛盾往往就能够消除。

曹植曾经写过一首诗："两肉齐道行，头上带凹骨。相遇块山下，敧起相搪突。二敌不俱刚，一肉卧土窟。非是力不如，盛气不泄毕。"曹植认为两牛相争往往会不顾一切地相互进攻，除非战败，否则从来不知后退。其实人也是一样，我们在面对竞争的时候，常常也是表现出一副勇往直前决不退缩的劲头，可是当我们和朋友相争时，应该静下心来想一想，自己这样做是不是值得？这样做又可能带来什么样的风险？有时候后退一步，我们就不会在冲撞中受伤。

清朝康熙年间，安徽的两个毗邻而居的大户人家张家和吴家因为扩建宅邸发生了冲突，其实两家人平时的关系还不错，而且两家人的儿子在朝中同朝为官。可是因为宅邸的原因，原本的好朋友反目成仇，两家人互不相让。眼看矛盾越闹越大，张家老太太写信给在朝中担任礼部尚书的儿子张英，让他出面施压来解决问题，可是张英担心这样做会伤害自己和同乡官场数年的情义，伤害两家人的和气，于是写了封回信："千里修书只为墙，让他三尺又何妨？万里长城今犹在，不见当年秦始皇。"张家人只好按照信上的指示，主动退让出三尺地盘。吴家人见到邻居退后，觉得过意不去，于是也主动退让三尺，这样两家中间一下子空出了六尺，这就是著名的"六尺巷"。

五代十国时的布袋和尚有一首偈语："手把青苗插稻田，低头便见水中天。六根清净方为道，退步原来是向前。"对于一个聪明的人来说，有时候后退一步反而能够为自己的前进道路做好铺垫。朋友之间也是如此，如果两个人互不相让，那么最终的结局可能是两败俱伤，如果你可以率先做出让步，那么对方也会妥协，这样矛盾就能迎刃而解，那么你往往能够更加轻松地获得自己想要的东西，能够达到自己想要达到的目的。

《菜根谭》上说："路径窄处，留一步与人行；滋味浓时，减三分让人尝。"做人不应该一味看重争，而应该看重让，应该主动去让，应该让出自己的风度和态度，这并不是怯懦，恰恰是本着对朋友负责的态度。

哈佛大学公共政策学教授凯玛克说："做自己感情的奴隶比做暴君的奴仆更为不幸。"有心理学家曾经做过调查研究，发现75%的犯罪者都是因为在争执和冲突中一时冲动，才酿成大祸，其实只要他们能够忍气吞声，暂时退让一步，那么根本不可能发生这些大的冲突，矛盾双方也能够及时化解矛盾，而不至于受到伤害。

退让是一种美德，更是一种智慧，懂得退让的人往往更善于把握人际关系，在经营友情的时候一定能够把握好一个度，尤其是处理矛盾冲突时，更不会轻易伤害朋友之间的感情和关系。因此，退让是化解朋友矛盾的第一法则，也是最稳妥的方法之一。

今天的问题今天解决，生活才不会有后遗症

从小我们就知道"今日事"应该"今日毕"，不能将问题推到明天去解决，因为明日还有明日，这样日复一日地拖延下去，就容易滋生我们的惰性，到最后受伤的只会是自己。尤其是一些冲突和矛盾，更是不能拖延，一定要及时得到解决，拖得时间久了就会留下后遗症，矛盾双方往往会爆发更为激烈的冲突。

很多朋友之间也会存在矛盾和分歧，多数时候我们也许并不急着去解决，都认为在时机成熟之前不妨先暂时搁置。有的人甚至根本不将这些矛盾当回事，完全忽视了这些矛盾冲突。结果随着时间的推移，这些矛盾慢慢发酵，最终越来越难以解决，等到矛盾爆发的时候，很可能成为朋友之间的灾难。

比如很多朋友早年的时候一起创业，对于经济上面的一些分歧不太在意，对于工作上的一些不同想法也没有想过及时解决，可是等到后来，这些问题被放大，最终成为隐患。此后，只要涉及利益分配问题，只要涉及工作问题，朋友就会拿这些小问题说事，并且容易发生激烈的冲突，这样就会对双方的合作以及感情产生不良影响。

其实，亲兄弟都明算账，更何况是朋友？我们在和自己的朋友相处时，无论是大问题还是小问题都需要及时解决掉，都需要及时

处理干净，这样才能消除隐患。酒越陈越香，但是矛盾拖得越久，往往只会越来越严重，我们不能忽视它，更不能放纵它，因为它最终还是会爆发出来，而等到它爆发的那一天，往往会变得一发不可收拾。

钢铁大王安德鲁·卡内基早年生活贫困，干过各种各样的活儿，不过他一直以来都梦想着创办自己的钢铁公司，为此他不断努力奋斗，并且终于在 1881 年，和弟弟汤姆一起成立了卡内基兄弟公司。当时他还找了自己的另一个朋友进行投资，不过随着企业的壮大，在股权分配上出现了一些分歧，当时朋友觉得自己应该多拿一些股份，可是卡内基兄弟却认为公司是他们两个人的，他们俩为朋友提供了投资的机会，因此股权分配上不能太多。

当然，这只是一些口头上的谈判，而且双方并没有对此发表什么更深的看法，所以卡内基当时也没有太在意这件事，而且他觉得朋友之间谈论这些股权可能会伤害彼此的感情，与其这样不如留到日后去说。结果几年之后，卡内基兄弟公司的生意越做越大，这个时候股权问题再次凸显出来，朋友再一次找到卡内基兄弟商量这件事。

因为钱挣得多了，朋友要分的利益也水涨船高，而以往没有明确的问题现在必须要做个了结，否则很可能会让朋友觉得自己受到了欺骗。可是由于拖得太久，股权问题变得越来越复杂，相互之间开始谁也不肯退让半步，这个时候，卡内基兄弟和朋友之间爆发了激烈的冲突，双方甚至对簿公堂。为了减少事件的不良影响，卡内基只能忍痛花大价钱买下朋友的股权。

这件事对卡内基的影响很大，毕竟这个朋友曾经是自己最在意、最信任的人，不过因为自己一时疏忽，拖延了问题的解决时间，导致矛盾越来越大，最终埋下了隐患。不仅对自己的经济造成了影响，对自己的友情也产生了很大的冲击。正因为如此，此后卡内基非常注重时效性，只要出现了什么问题，他一定会在第一时间解决掉，绝对不会轻易拖延。

社会学家库尔特·卢因曾经提出一个概念，叫作"力量分析"，他描述了两种力量：阻力和动力。拖延、害怕，以及其他一些消极的想法都是阻力，这种阻力在个人发展以及人际关系中都存在。尤其是拖延，往往是人际交往中的弊端。当朋友之间出现矛盾时，你可能会认为这是一种保护措施，殊不知这种保护往往会毁掉友情。

拖延的人一般意志力比较薄弱，不敢直面问题，一旦出现问题往往会选择暂时逃避，认为暂时把问题掩盖住就行了，却不知道这种逃避只会让问题变得更加严重。这样的人缺乏应变能力，缺乏解决问题的能力，对于朋友之间的一些矛盾往往手足无措。

另外，习惯了拖延的人往往缺乏责任感，总觉得这些矛盾和问题没有什么大不了的，这种态度往往会让一些小问题越变越糟糕，会让一些小矛盾越来越容易被激化，最终埋下隐患。比如说有的人经常从朋友那儿借钱，每次都不及时还上，也从不放在心上，到最后可能会搞不清楚具体的账目，这样就容易引发大矛盾。

有时候解决矛盾就和治病一样，身体存在疾病的话，千万不可拖延，越是往后拖延，就越是容易变严重，越是容易给治疗带来困难，弄不好甚至会引发后遗症。就像青光眼患者一样，心理学家认为 70% 的人因为青光眼而存在失明的危险，其实这些人原本只要每天滴几滴眼药水，就可以避免这样的情况发生，就是因为他们习惯了拖延，以至于眼疾越来越严重。

当你和朋友之间出现问题时，也容易因为"治疗"不及时而引发更大的矛盾，给双方的感情埋下一颗定时炸弹。正因为如此，我们需要认真对待这些事情，需要端正自己的态度，及时消除不良影响，以免双方受到更大的伤害。

对朋友的伤害装作无知，冲突自然消于无形

美国有一家叫《朋友之家》的杂志，曾经采访了 1200 个路人，询问他们是如何处理朋友之间的矛盾关系的，结果半数人认为自己应该退让一步。可现实情况并不如意，因为仍旧有高达 55% 的朋友因为争吵和矛盾而相互攻击，在短时间内甚至爆发了更激烈的冲突，而有 18% 的人表示自己和朋友因为冲突而直接绝交，更多的人则认为自己和朋友在经过冲突之后，感情明显下降了。

从这样的数据中可以得知，我们在处理朋友矛盾的时候，实际效果并不那么理想。当你认为自己能够妥善处理这些纠纷的时候，往往过于自信和麻木。你可能没有意识到很多时候自己的忍耐是有条件的，你的妥协也不那么纯粹，而这显然让双方都心存戒备。结果矛盾很容易复发，甚至可能在短暂的潜伏期后迅速爆发，这样一来，你很难避免受到更大的伤害。

老子说"上善若水"，做人应该像水一样，你用鞭子抽打它，用斧子砍它，用石头击打它，结果都是一样，用不了一分钟，水面就会归于平静。所以我们在处理与朋友的关系时，也要像水一样，用柔韧化解矛盾，使大事化小，小事化了。

再大的事，我们也要学会妥善处理。这种态度也能让我们紧张的情绪变得平和。而平和的情绪会让我们拥有思考力，可以更好地

解决问题。

世界闻名的大画家毕加索是少有的在世的时候就将作品拍出高价的画家，在他活着的时候，就有很多人希望得到他的画作。因为一画难求，许多不法分子打起了贩卖假画的主意，骗子们开始频繁冒充毕加索的名字画画。当别人将市面上有人冒充他画画的消息告诉毕加索时，他倒是丝毫不生气，反而淡定地说："作假画的人不是穷人就是老朋友，我是西班牙人，不能让老朋友为难，而且那些鉴定真伪的专家也要吃饭，实际上我并没有吃什么亏。"

比起那些贩卖假画的人，毕加索的一些朋友则要幸运得多，因为他们常常可以接近毕加索，能够自由出入他的家里，因此往往就能轻易弄到毕加索的真画，而且他们相信哪怕是央求对方给自己即兴画上一幅，重感情的毕加索也是万万不会推辞的。当然，要是将朋友送给自己的画拿出去卖钱，终究不是一件体面的事情，而且传到毕加索的耳朵里，那就太尴尬了。

不过还是有一位朋友因为没能抵挡住高价的诱惑，趁着毕加索外出的时候，悄悄从毕加索的画室里取走了一幅看上去不那么起眼的画，并且很快卖给了别人。当毕加索回到画室后，一眼就发现那幅画丢失了，当时他立即意识到家里出了贼，由于平时有人守着大门，想要进屋拿走这幅画，要么就是家里的仆人，要么就是朋友，因为只有他们才有机会进入自己的画室。而仆人料想不会这么大胆，毕竟他已经在这干了十几年了，要是想拿走这些画，早就动手了。何况仆人平时也不怎么出门，家里也没有什么地方可以藏住这幅画。

　　毕加索仔细询问了家里守大门的人，结果守门人说毕加索的一个朋友前几天来过一次，而且走的时候，好像带了点什么东西。毕加索立即明白过来，偷画的人应该就是那位朋友无疑了。但是他没有声张出去，也没有和朋友说起这件事，他想画既然已经丢失了，那么也没有把事情闹大的必要，省得让自己的朋友感到难堪。况且对方一定是急着用钱了，才会做出这样的事情，所以他干脆装作不知道。

　　几天后，毕加索偶然在市面上发现了自己丢失的那幅画，于是花高价购买了回来。几天之后，朋友来家里串门，突然在画室里发现了这幅画，朋友觉得很羞愧，于是非常坦诚地说出了自己偷画的事，然后当面进行道歉。毕加索却笑着说："不用道歉，这幅画本来就是要送给你的，你完全有权力去任意处置它。"朋友听了这番话更是感激不已。

　　毕加索并没有因为偷画的事直接责备朋友，而是装作什么事情也没有发生，然后又给予对方一点暗示，这样一来，对方不仅能够意识到自己的错误，同时也不至于因此心生嫌隙，甚至产生报复心理。其实，我们在处理这些矛盾的时候，也需要具备毕加索的那一份"钝感"和从容，需要淡化甚至忽略朋友的伤害，针锋相对只会引发斗争和仇恨。

　　有位作家说："爱产生爱，恨产生恨，若以怨报怨，以恶待恶，将会形成恶性循环。和气致祥、诚心和气比疾言厉色、怒发冲冠的效果好，若能人人诚心和气，势必乾坤朗丽，霁日光和，祥瑞普降。"因此，在对待那些犯错的朋友时，在对待那些伤害了自己的朋友时，我们一定要拿出自己的真心和爱心去包容对方，要适当地过滤和遗忘这些伤害，要装作什么事情也没有发生一样，这样一来，往往能够将原有的矛盾消于无形。

争吵之后，只有主动道歉才能解决问题

朋友之间发生争吵和冲突是很常见的事情，而最重要的是尽快消除这些矛盾和分歧，尽量将所有的问题解决掉。不过在处理这种问题的时候，一般会出现三种情况：第一种是双方都意识到自己的错误，都打算主动道歉求和，在这样的情况下，矛盾双方很容易达成和解，从而有效将冲突遏制住。第二种是其中一方主动求和，双方也许会就此坐下来心平气和地达成和解。这样的情况虽然比第一种稍微复杂一些，但是只要有人率先道歉，只要有人主动低头，那么事情就还有回转的余地，双方在争吵之后还是有可能重归于好的，这为和解提供了一个机会。第三种就是双方都死不认错，彼此都不打算妥协退让，甚至不惜再吵上一架，也要维护自己之前的意见和原则。在这种情况下，双方之间的矛盾免不了会升级，最终严重到难以调和的地步。

纵观这三种结局，我们可以明确一点，那就是争吵之后，主动道歉才是硬道理。因为主动道歉、主动妥协，才能够降低冲突的可能性，才有机会心平气和地坐下来好好谈一谈。虽然道歉是一种示弱的表现，但是只有道歉才能更好地重新赢得对方的信任和理解，才能在这场友情博弈中占据更多的主动权。如果你被动地等待别人来道歉，或者双方都互不相让，很可能错过最佳的调解时机，那么最后等待你的只有纷争，而且绝对不会是小纷争。

当然，在争吵之后，很少有人愿意主动道歉，因为我们常常觉得自己处于优势地位，常常觉得自己的话才是真理，因此没有必要去道歉，而且妥协和道歉绝对是认怂的表现。当两个人都拥有这样的想法时，矛盾就会变得不可调和，而且争吵很有可能会成为新一轮矛盾的导火索，会将矛盾和冲突进一步放大。而只有主动示弱，才能为自己创造更多的机会。

在美国政坛上，尼克松总统和基辛格堪称一对完美搭档。严格说起来，这两个人看上去并不像上下级的关系，而更像是朋友关系，而且他们也确实将对方当成最好的朋友来对待。在20世纪六七十年代风云变幻的国际形势下，尼克松之所以能够引导美国在国际事务中做到游刃有余，很大一部分原因在于他有一个好助手基辛格先生。

两个人之前是政敌，但是尼克松竞选成功后，他大度地将基辛格吸纳进自己的智囊团队中，并且让他担任国务卿，两人也很快冰释前嫌，成为好朋友。不过朋友归朋友，两人在政治理念上还是有一些分歧，何况这两人都是非常固执的人，似乎从来就不肯轻易妥协或者迁就对方，所以两人常常会吵得面红耳赤。

有一次，尼克松准备向国会提交一份决议。这是一份针对中东问题的草案，但是基辛格却坚决否定尼克松的观点和做法，他认为尼克松的这项草案欠缺考虑，一旦通过会给美国在中东地区长远的战略意义造成影响。当然，尼克松认为自己的草案非常符合美国现在的利益需求，一方面可以制约苏联的发展，另一方面还能够维持美国在中东地区的主导地位。

结果这一次两个人依然各持己见、互不认同，说着说着两人很快大吵起来，尼克松觉得基辛格太自以为是，自以为什么都懂，其实缺乏最基本的务实能力。而基辛格也毫不示弱，干脆当面辱骂尼克松是个没脑子的乡巴佬。很明显，两个人这一次的交谈没能达成统一，并且不欢而散。晚上的时候，尼克松觉得有些不妥，他开始怀疑自己白天是不是说得太过分了，而且基辛格一直以来都是自己的好助手、好朋友，为自己分担了很多压力，也帮助自己解决了很多困难。辗转反侧的他最终起来主动打了个电话给基辛格，在电话中，他向基辛格道歉，并且承认自己的态度有些无礼。听到总统给自己道歉，基辛格的心也很快软了下来，接着他非常坦然地接受了尼克松的道歉。

第二天，两个人心平气和地坐在一起讨论这个草案，当然基辛格首先认可了这个草案中的可取之处，但同时也做了恰当的修改，尼克松也认同这些修改。之后，这项草案很快通过国会的决议。

朋友之间出现矛盾和争吵很正常，每个人都有自己的想法，也有权力去说出自己的想法，有权力去质疑朋友的立场和观点，但争吵通常解决不了任何问题，只会让问题变得更加复杂，只会让分歧和矛盾变得更大，到最后甚至超出双方的控制范围。

其实任何问题都可以得到解决，任何矛盾也都可以得到缓和，关键看你是如何处理这些矛盾冲突的，关键看你对待朋友的态度是怎样的。俗话说"解铃还须系铃人"，当矛盾出现的时候，我们总得想办法尽早解决，误会产生了也要及时设法消除，我们不能总是固执地等待对方做出让步和妥协，不能总是期待对方来迎合自己的想法，其实只要你主动道歉，那么问题就等于已经解决了一半，矛盾也等于消除了一半。

第九章

交对朋友，你需要懂一些心理策略

喜欢效应：喜欢引起喜欢，你喜欢他，他才喜欢你

音乐家莫扎特堪称音乐神童。在很小的时候，他就显示出出众的音乐天赋，因此很受别人的喜欢，当时他跟着父亲在欧洲进行巡演，知名度非常高，就连法国国王路易十五的王后也非常喜欢他。某一次，莫扎特在宫廷表演之后，王后忍不住亲了亲这个音乐神童，王后的善举让莫扎特很开心，他也因此非常喜欢王后。而当路易十五的情妇彭巴杜女侯爵冷淡应对莫扎特时，莫扎特显得很生气，他对别人说："这个女人是谁，也不来亲亲我，连王后都来亲我呢！"正因为这样，莫扎特非常排斥这位彭巴杜夫人。

很多人认为莫扎特太过高傲，但事实上从心理学的角度来说，这只是一种人之常情，当别人喜欢你时，你自然更容易喜欢上对方，而当你喜欢上对方时，对方显然也会对你产生良好的印象。在心理学上，这种现象就是"喜欢效应"，也称为"相悦定律"，可以说喜欢是相互的，也是会传染的，只要有一方表示出好感，那么另一方必定会做出积极的回应。

其实这就像是力的相互作用，人与人之间也存在这种情感上的互动性，换句话说，你希望别人善待你，那么首先要发出一个讯号，要懂得主动去善待他人，要主动表达自己的喜爱之情，表达自己的尊重和爱戴。比如说微笑，其实微笑就是一个表达善意和喜爱

之情的方法，而微笑本身也具有很强的感染性，当你给予别人真诚的微笑时，即便是陌生人，他也会对你的微笑做出回应，也会放下心中的戒备，对你产生好感。

喜欢效应在人际交往中非常重要，因为我们每个人都渴望得到他人的喜欢，都希望赢得别人的信任、尊重和爱戴，而想要达到这样的目的，就不妨成熟运用喜欢效应，先主动表达喜欢和尊重之情，先展示自己的善意，当对方接收到你的诚意时，会产生安全感，往往会对你产生好印象，也会慢慢喜欢你这个人。

汽车销售之神乔·吉拉德非常重视自己和客户的关系，而为了维持这份关系，他总是善意地对待自己的每一位客户。众所周知，乔·吉拉德非常擅长利用名片为自己打广告，每见到一位顾客，他都会递出自己的名片，当然和其他人不一样的是，因为他知道自己经常给人递名片会让某些顾客感到厌烦，因此对方很可能会随意丢弃，要么就很快忘记这件事。为了让对方更加善意地对待自己，他每个月都会为自己的1.3万名顾客寄去一张贺卡，在贺卡上，他清清楚楚地标注每个人的名字，而且都会写上"我喜欢你"这几个字，好让顾客感受到他的诚意。

正是因为这样，乔·吉拉德才能够赢得顾客们的喜欢，也正因为这样，他才能够平均每天卖出5辆车，并且连续十二年创造销售业绩第一的神话，他被吉尼斯世界纪录称为"世界上最了不起的卖车人"。其实乔·吉拉德就是很好地利用了喜欢效应，先对顾客们表示自己的敬意和喜欢，等到对方感受到他的诚意，自然会反过来支持他的工作。

　　无论什么时候，我们都希望别人对自己好一些，希望自己可以受到别人的欢迎，所以如果有人愿意真诚地对待我们，我们也愿意真诚地对待对方。心理学家曾经做过一个实验，他们找到一个测试者，然后将有求于他的人分成三组，其中一组专门对测试者进行正面的评价，表现出欢迎和喜爱，第二组则是尽量说出测试者的负面信息，专门刺激对方，第三组则是正反评价都有。

　　尽管测试者知道这些人都有求于自己，但是他最终还是对那些给予自己正面评价的人更多的优待；尽管这些正面评价不一定都是事实，但是测试者被人夸赞之后还是更多地倾向帮助那些对自己示好的人。这个实验刚好证明了一点，那就是说好话的人，对他人示好的人，通常能够得到更好的对待，毕竟好话和好的态度都能够感染别人，能够激起对方的好感和尊重。

　　正因为如此，我们在平时的交往中，应该尽量说一些对方喜欢听的话，应该表现出恭敬和迎合的姿态，要尽量表达自己的好感，只有这样，对方才会愿意和你亲近，也才愿意信任和尊重你，这样相互之间的关系就能够更进一步。

超限效应：人人都有底线，不要让人不耐烦

我们都知道弓很有弹性，拉得越满，箭就射得越远，可是拉弓的人一定要懂得控制幅度，因为弓的弯曲也有一个底线，有一个极限，超过了这个极限，弓就容易折断。由此可知，凡事要懂得控制，要把握分寸，尽量适可而止，一旦超出了事物承受的极限，就可能会造成破坏，带来不利影响。

人际交往也有一定的底线，确切地说应该是每个人都有自己的底线，每个人的忍受能力也是有限度的，我们在与人交往的时候不能超出这个界限，否则会引起对方的反感和不适。心理学上有一个著名的超限效应，意思是说，当同一个刺激对人的作用时间过长、强度过大、频率过高的时候，会使个人的神经细胞处于抑制状态，从而产生不耐烦的心理体验。简单来说就是某种刺激超出了你个人的承受能力，那么你可能会做出反抗。

一般来说，超限效应往往出现在某些特定的生活场景当中，比如说很多人看问题过于尖锐，常常对他人提出批评，要么就处处针对他人，可是每个人都有一个忍耐的限度，你总是和对方过不去，那么等到对方忍无可忍的时候就会发起反击。

卡耐基是一个脾气很好的人，也是一个非常敬业的人，他早年曾在一家报社上班，报社的主编是一个非常严苛的人，对待工作

总是一丝不苟，不允许职员出任何错误。有一次，卡耐基将一篇社论交了上去，结果第二天稿子就被主编退了回来，上面画满了红色的圈和密密麻麻的修改，不仅如此，主编还将他叫到办公室训斥一顿。卡耐基原本以为被骂上两句就没事了，至多就是重新修改一下，可是主编那天却很生气，一个劲儿地骂他，他在办公室里足足站了三个小时。那天卡耐基窝了一肚子的火，而看到主编似乎意犹未尽，他最终将稿子扔了过去，然后发誓再也不干这份鬼差事了。主编听说卡耐基要离职，心里非常后悔。

批评往往不受人待见，还有那些平时喜欢喋喋不休的人，他们也比较惹人厌烦，因为这种人每次一说话就没完没了，一两句话能说清楚的，他们非得说上几个小时，对于一个观点总是翻来覆去讲个不停，对于一件事也是重复来重复去。不仅如此，他们还喜欢在你耳边唠叨，时间一长，谁也没有办法忍受。

美国短篇小说家马克·吐温有一次去教堂，他最初觉得牧师的演讲很动人，于是决定捐一笔钱，10分钟之后，牧师还站在台上演讲，马克·吐温有些不耐烦了，于是赌气地决定只捐一些零钱。又过了10分钟，牧师还没有讲完，马克·吐温觉得很生气，于是决定不捐钱了。过了很久，牧师才结束这段冗长的演讲，马克·吐温忍无可忍，为了发泄，他干脆从用来捐款的盘子里偷偷拿走了2块钱。

除了以上的这些行为之外，还有一点我们也需要注意，那就是不能太过热情和执着，比如说很多人非常热情，常常善待他人，可是热情过度了，就会让人觉得很不舒服。俄国作家克雷洛夫曾经讲过一个小故事：有个叫杰米扬的人非常热情好客，常常请朋友来家中做客，有一次他请朋友喝鱼汤，尽管对方根本不想喝，但好客的杰米扬总是一碗又一碗地盛鱼汤给对方喝，结果那一次对方喝得很倒胃口，之后就再也不到杰米扬家里来了。

在日常生活中，这种过度热情要不得，不能表现得太过亲密，也不要过于黏人，不要频繁和他人接触。有些人为了表示亲近，为了进一步拉近彼此之间的感情，常常会刻意靠近对方，刻意黏住对方，可是每个人都需要自己的私人空间，需要一些自由，你如果跟随得太紧，会让对方感到不舒服，这样不仅不会讨人喜欢，还会招人烦。最常见的就是某些广告人员或者销售人员，一两次和你接触，你可能会对他们产生一些印象，甚至想要购买他们的产品，可是当他们每天都三番五次地在你面前说来说去的时候，你就会产生厌恶和逃避心理，不愿意再和对方有任何牵扯，而且还巴不得对方一件东西也卖不出去。

超限效应实际上给我们敲响了警钟，告诫我们不要重复刺激别人，也不能过度刺激别人，与人交往时要适可而止。其实很多时候，你的出发点可能是好的，你在提醒他人要注意什么，你在不停地向对方示好，你在争取对方的理解，但是频率和强度一定要适中，不能太过分。都说过犹不及，一旦你的做法超过了对方所能容忍的界限，那么你可能会好心办坏事，让人感到不爽，与其这样，还不如不做呢！

刺猬法则：适当的距离才产生美感

科学家们发现，在寒冷的气候中，刺猬们通常喜欢靠在一起相互取暖，可是刺猬身上到处长满了长长的尖刺，因此当它们彼此之间靠得太近时，身上的刺就会刺到对方，这时候它们就本能地分开，可是分开后，又感觉到寒冷难耐，于是会再次尝试着靠拢，受到针刺之后再次分开，之后又想办法靠拢。经过几次实验和摸索，刺猬慢慢找到了一个非常适中的距离，在这个距离上，刺猬之间能够最大限度地取暖，同时又保证不会让身上的刺刺到对方。

根据这些现象，科学家总结出一个重要的法则，那就是"刺猬法则"，也被称为"距离效应"，研究人员认为人与人之间其实也和刺猬之间一样，也会有相互依靠的需求，但同时也会相互伤害。心理学家认为每个人都有自我保护的本能，一旦有什么东西离自己很近，就会想办法排斥掉，因此当两个人表现得很亲密的时候，彼此很容易受到伤害。但是从另一方面来说，人与人之间存在协作关系，也存在相互帮助的需求，我们渴望和其他人保持更为密切的联系，以此来增强自我保护的能力，增强竞争能力。

正因为如此，我们不得不像刺猬一样，要在彼此之间寻找一个适中的距离，这样既不会由于靠得太近而互相伤害，也不必担心离得太远而难以相互扶持和帮助。这种刺猬法则对于生活有重要的指导意义，尤其是在处理人际关系的时候，更是非常重要。

很多人认为夫妻之间就应该保持如胶似漆的关系，事实上，没有自由空间的夫妻关系往往不稳定，也不长久。很多人觉得朋友之间应该亲密无间、无话不谈，应该分享各自的私密，事实上朋友之间一旦没有秘密可言，就失去了缓冲区，这样一旦发生冲突，友情很容易破灭，而且彼此受到的伤害也会很大。有人认为上下级的关系应该推心置腹，没有任何东西值得隐藏，但你会发现，一旦自己一心一意、坦诚地为别人卖命时，很容易被人利用和出卖。

其实距离才能产生美，所以人际关系的处理也需要把握适当的距离，这就像放风筝一样，想要让风筝飞得高，那么就要懂得放长手中的线，但是也不能彻底放手，一旦放手，那么风筝也就飘远了，而它最终会摔折在地上。那么如何才能真正掌握刺猬法则呢？

（1）尊重对方的私人空间

美国总统华盛顿在成立美利坚合众国之后宣布退出政治舞台，回到老家当农民，村民听说华盛顿回来了，都很高兴，于是差不多每天都有人登门拜访，尤其是到了晚上，大伙儿总是一起到华盛顿的家中，希望能够和华盛顿聊聊天。华盛顿白天干活，晚上想要读一点书休养一下，可是热情好客的村民总是搅得他不得安宁，完全占用了他个人的读书空间。万般无奈之下，华盛顿只好搬家离开了。

每个人都拥有自己的私人时间和私人空间，每个人都需要一点自由，你不要去干涉别人的自由，如果你管得太多、干涉得太多，就可能会引起对方的反感。有很多人喜欢一天到晚跟着别人，要么就成天窥探别人的私密生活，看上去非常亲密，但事实上彼此之间很容易发生误会和冲突。而且你越是靠近对方，对方就越想要躲避。

（2）不可亲密过度

俄国著名诗人普希金有一位貌美如花的妻子，一开始两个人非常恩爱，普希金也成天都和妻子黏在一起，可以说是如胶似漆。但正是因为长久地保持过度亲密的关系，使妻子对婚姻爱情渐渐失去兴趣，反而到处参加舞会，和其他贵族王孙们牵扯不清。普希金为了妻子不得已和别人决斗，最终死在别人的剑下。

为了显示彼此的感情深厚，很多人都喜欢和别人更为亲密一些，无论做什么都和对方黏在一起，虽然两个人越是靠近，接触的机会就越多，可是摩擦力往往也会越大。当两个人亲密无间的时候，一旦出现什么矛盾，彼此之间很可能会因为没有缓冲区、没有退让的余地而造成重大的伤害。

（3）距离要因人而异

人类学家爱德华·霍尔博士曾经将人类的社交区域划分为亲密距离、个人距离、社交距离、公共距离。亲密距离一般是夫妻和恋人之间的。近距离接触时一般在15厘米以内，远距离接触时一般在15~44厘米之间。个人距离一般具有一定的防备性，和熟人交往时距离通常为46~76厘米，和陌生人交往时则为76~122厘米。

社交距离是一种比较正式的交往距离，一般处于 1.2~3.7 米之间。公共距离则是公众场合你和其他听众保持的距离，范围至少在 3.7 米以外。

针对不同的区域，我们需要选择不同的距离，有时候可以亲密一些，有的场合则要保持安全距离。而在这些不同类型的社交中，我们始终要保持适当的距离，即便再亲密的关系也不能过于亲近，即便是再陌生的人，也不能盲目地疏远，凡事保持适中，这样才能更好地与人交往。

刺猬法则实际上是人际交往中的一个重要法则，它从人性心理的角度出发，指出了人试图适应外界环境的一个过程，表明了人在和外界接触中期望达到的平衡状态，这种平衡状态就是一种稳定而舒适的人际关系。在这种人际关系的状态下，我们往往可以在社交中游刃有余。

自己人效应：成为"自己人"，啥事都好商量

1860 年，林肯参加美国的总统竞选。他的对手是财大气粗的大富翁道格拉斯。道格拉斯是一个典型的资本家，目中无人、狂妄自大，总是喜欢用钱来摆平一切。为了打败林肯，他租来一辆装修豪华的列车，然后四处发表演讲，他还讥讽林肯只是一个乡巴佬。事实上道格拉斯一度处于优势地位，因为当时美国的总统大选其实就是一个金钱游戏，谁的经济实力雄厚，谁就有更多的机会。

林肯没有被对手的强劲实力吓住，那时候他坦然地坐在朋友用来犁地的马车上四处巡演，他动情而坦诚地说："有人写信问我有多少财产，我有一个妻子和三个儿子，他们都是无价之宝。此外，我还租有一个办公室，室内有办公桌一张，椅子三把，墙角还有一个大书架，架上的书值得每个人一读。我本人既穷又瘦，脸很长，不会发福，我实在没有什么可以依靠的，唯一可依靠的就是你们。"

林肯先是表明自己一无所有，没有什么太多的竞选资本，但最后话锋一转，认为选民才是自己最大的资本，这样一来实际上将选民当成自己人来对待，无形中拉近了彼此的关系。后来也证明林肯策略的高明，正是因为"唯一可依靠的就是你们"这句话，使林肯绝地重生，击败了对手顺利成为美国总统。

事实上，从心理学上来说，林肯的策略其实就是打造一种"自

己人效应",所谓自己人效应实际是指人们往往会将那些和自己相似或者存在共同之处的人当成自己人来对待,这时如果一方提出某些要求,或者宣传某种观点,那么另一方就比较容易接受了。因此这个效应的关键在于,如果你想要让别人接受自己、认可自己,那么首先要让对方成为自己人,让对方觉得你是和他们站在一起的,是处于同一立场上的,这样能够有效拉近彼此之间的距离,能够消除隔膜和警戒,这个时候你提出的观点或者要求才会更容易被对方接受。

自己人效应是一种非常好的交际策略,能够最大限度地减少摩擦与隔阂,能够更好地接近对方而不至于遭到排斥。这种策略在很多场合都会被用到,比如当我们有求于人的时候,为了争得对方或者第三方的支持和帮助,我们就应该先和别人套近乎,这样才能更顺利地打通关系。还有我们在试图劝说犯错者的时候,往往会遭到对方的排斥和反抗,这时可以先不把对方当成批评的对象,而把对方当成自己人,让对方觉得你和他是站在一起的,这样对方才愿意放下戒备和敌意,认真听你分析,你才有机会循循善诱。

当然,我们想要将对方当成第二个自己来对待,需要把握好一些技巧性的东西,比如说引起共鸣。最常见的一点就是要把握好共同点,相似的经历、共同的兴趣爱好、共同的生活环境、相近的性格特征、相同的立场和角度、相近的价值观,这些都能够产生心理上的共鸣。所以在和别人交往的时候,我们一定要想办法找到更多的相似点,这样才能抓住对方的心。

　　心理学家纽加姆曾经对大学生做过一个实验，他从各个宿舍中挑走一批学生，然后对他们的人格特征、思维习惯、价值观做了分类，之后将他们放在公共宿舍里生活。一开始同一个宿舍的人会主动靠在一起，显得更为亲密一些，而那些来自不同宿舍的人则会疏远一些。但是 4 个月之后，情况发生了改变，那些有共同价值观和生活态度的人开始走得很近，其亲密程度甚至超过了同宿舍的人。纽加姆由此得知，在这个共处过程中，自己人效应渐渐发生了作用，它将同类人紧紧联系在一起。

　　当然，想要让对方成为自己人，除了寻找共同点之外，我们的待人态度也很重要，既然是自己人，我们就要用平等、信任的眼光看待对方，让双方的位置处于同一水平和层次上，我们不能居高临下，不能表现得过于高傲、自私。除此以外，我们还要善待他人，要懂得给予对方关怀，这样才能更好地赢得对方的信任。

　　比如美国内战期间，格兰特将军率领北方军队打败了罗伯特·李将军带领的南方军队，战后，罗伯特·李被俘，而且即将因为叛国罪而被判处死刑，但是格兰特将军却认为罗伯特·李只是听命行事的将军而已，并不是罪魁祸首，而且他还是一个军事天才，值得让他留下来为国效力。当然罗伯特·李为人宁死不屈，坚决不肯归顺，于是格兰特准备亲自去劝说，罗伯特·李认为格兰特是来羞辱自己的，所以坚决不肯开口。可是格兰特非常耐心地坐在他身边，就像老朋友一样诉说两个人同在西点军校时的往事，在交谈中，格兰特没有半点的架子，反而时时关怀和询问对方，又因对方为老同学，还表达了对对方军事才能的赞美。这让罗伯特·李觉得很难为情，最终他还是同意归顺北方，成为军队的将领。

其实自己人效应是一种主动示好的方法，它通过立场、价值观、目的的一体化来拉近人与人之间的距离，从而消除心理上的戒备和隔阂，这对于陌生的、敌对的人来说，作用尤为明显，因此我们平时一定要好好利用这个效应，以便为自己积累更多不同类型的人脉。

投射效应：不要把自己的想法强加给别人

20 世纪，当芭比娃娃在美国市场大受欢迎之后，日本商人看到了商机，也准备生产和出售芭比娃娃，但是生意很快遭受打击，半年只卖出了少量的产品。原来日本厂家误认为日本人和美国人一样也喜欢大胸长腿蓝眼睛的洋娃娃，可事实上这种照搬模式完全曲解了日本国民的心理。最后厂家决定做出修改，将胸部缩小，腿缩短，眼睛则改成咖啡色，这时候，芭比娃娃才正式在日本流行起来。

其实，在日常生活中，我们常常会犯下类似的错误，会因为自己的某些想法和特征而轻易揣度他人的想法和行为，认为别人和自己一样，也具有某种行为特征。比如本身是善良的人，就会误认为世界上所有的人都是善良的；本身喜欢算计的人，常常认为其他人和自己一样喜欢算计别人；本身能做到某件事的人，一定认为其他人也能够做到。但事实并非如此，你是你，其他人则是其他人，每个人的思维和能力都是不一样的，之所以会出现以己度人的现象，往往是因为投射效应引起的。投射效应是一种认知障碍，是指当人们自己具有某种特性时，往往会认为他人也具有这样的特性，他会将自己的意志、情感、思维和特性投射到别人身上并强加于人。

 心理学家罗斯曾经做过一个非常有趣的实验，他找到 80 位学生，然后询问他们是否愿意背着一块大牌子在校园里四处走动，结果有 48 位学生觉得自己愿意这么做，而且他们认为这并没有什么，相信多数学生都愿意做这件事。可是另外 32 名学生则拒绝这么做，他们觉得大概没有多少学生愿意神经兮兮地背着牌子在校园里走来走去。罗斯发现学生们都具有强烈的主观臆测，都认为自己不会做的事，别人肯定不会去做，而自己乐意去做的事情，多数人也肯定愿意去做。

 投射效应会使人产生失真的认知和感觉，当我们看到别人时，通常会产生一种非常强烈的情感和倾向，认为对方和自己一样。这种倾向于按照自己的为人标准来感知他人的行为实际是一种比较严重的认知偏差，它很容易忽视对方的实际情况，而你的强加干涉只会让对方觉得很为难也很不舒服，甚至很可能会导致交际关系的破裂。

 在日常生活中，最常见的投射效应包括情感投射和不客观的认知，情感投射是指我们依照个人的情感倾向和喜好决定事情，我们常常认为对方和自己是一样的人，因此我们习惯性地和别人谈论自己感兴趣的话题，而且强制他人按照自己的思维去理解。我们常常不管别人的想法，也不知道对方是否感兴趣，是否喜欢，而一旦别人表现出不同的态度，我们会认为对方有意和自己抬杠，或者认为对方不理解自己。

 在情感投射中，最常见的就是那些独裁自我的人，他们在和别人交流的时候，总是以自我为中心，总是自说自话，根本不顾及别人的感受和想法。而且他们认为只有自己的理解是正确的，别人需要接受自己的想法。很多独裁专制的老板就具有这样的倾向，他们觉得自己的想法一定会迎合所有人的观点，而对于平时的工作要求和任务，你只能照办，只能无条件地接受。

投射效应第二个常见的表现形式为认知上的不客观，就是说我们常常会陷入主观判断之中，对自己喜欢的东西往往越来越看重，对自己不喜欢的东西则越来越讨厌；对自己喜欢的人，我们看到的优点越来越多，而面对那些自己讨厌的人，对方身上的缺陷也越来越多。也就是说，认知不客观的人总是按照自己的主观判断行事，常常过度吹捧和美化别人，要么就过度贬低和丑化别人。这种行为完全没有从客观出发，实际上会让人产生一种思维惯性，而且惯性会越来越大，感情的倾向性会越来越明显，最终可能会走向极端。

比如有些父母会对不同的孩子产生偏见，对于自己喜欢的孩子，常常到处宣扬和赞美，觉得他的优点越来越多，而对于那些不喜欢的孩子，则经常无缘无故进行责骂或者讽刺，而且越来越觉得不满意。我们在和别人交往的时候也会这样，常常越来越亲近那些自认为好的人，而越来越疏远那些自认为不好的人。美国总统罗斯福曾经有两个秘书，其中一个秘书为人很细心，因此罗斯福非常喜欢他，而另一个秘书常常丢三落四，这让罗斯福觉得很生气，时间一久，罗斯福的这种偏见越来越严重，他常常无端责骂那个粗心的秘书，认为对方一无是处，而那个细心的秘书则什么都好。那时候罗斯福准备辞退粗心大意的秘书，不过有一次罗斯福为了一份文件而苦恼，他一连问了很多人，也没有人给出什么好的建议，结果那个粗心的秘书却提出了一个非常好的建议。罗斯福这时候才意识到原来对方也是有很多优点和长处的，而自己因为感情用事差点辞掉了他。

正因为投射效应容易失真，容易对人际交往带来伤害，我们平时一定要避免被这种效应影响。我们应该从实际情况出发来看待问题，不能认为自己怎么想，别人就一定会怎么想，毕竟人与人之间存在各种各样的差异，这些差异的存在导致每个人的想法和行为出现不同。因此，我们在评价和猜测他人的时候，不能只看到自己的想法，而胡乱地将其投射到其他人的身上，这样做对其他人并不公平，同时也会让我们犯下各种错误。

出丑效应：自曝己短，受人欢迎

在生活中，我们常常会发现很多很精明的人会做一些糊涂事，很多聪明人会做出一些傻事，一些很完美的人常常会犯一些很低级的错误，有时候我们觉得非常奇怪，事实上这或许只是别人有意而为之，目的在于当众出丑。也许你会觉得很荒唐，每个人都渴望得到他人的认可，希望自己能够在别人面前表现得更加完美，怎么会有人故意在人前出丑呢？但事实就是如此，有些看上去很完美的人总会时不时地犯一些低级错误，因为他们知道如果一个人从不犯错，那么未必是一个真正受人欢迎的人，而事实也证明，这些犯错误的人最后反而能够得到更多人的欢迎。

其实这就是一种出丑效应，意思是指那些平时很精明很完美的人常常会不经意或者刻意犯下一些错误，这些错误不仅没有影响个人的形象和声誉，反而会让大家觉得这些人和常人一样也会犯错，从而赢得更多人的欢迎。出丑效应实际是在迎合大众的心理和思维，通过对缺点的展示来满足大家大众化、生活化、亲民化的一些需求。

美国总统肯尼迪在早年的执政期间一直表现得很出色，形象也很完美，不过民众对他似乎不那么买账，他曾经说过希望自己能够成为华盛顿和林肯那样的好总统，但是多数美国人却认为肯尼迪只是一个普普通通的成功人士，很显然执政能力出众的他已经让美国人失去了兴趣，除了政绩之外，对于肯尼迪这个人似乎没有什么好谈的了。

可是后来肯尼迪犯了一个错误，因为决策失误而做了入侵古巴的决定，结果遭遇严重的失败，当时肯尼迪竟然像个孩子一样哭泣起来，而这一次的失败也注定成为肯尼迪执政期间的污点。可是令人惊讶的是，在入侵古巴事件之后，尽管所有的人都认为肯尼迪难称伟大的总统，可是他的支持率却持续上升，声望达到了空前的状态，人们又开始关注这位犯了错、出了丑的总统。

正因为出丑效应能够让人觉得你不过是一个平凡的常人，所以往往能够很好地拉近你与其他人的距离。具体来说，出丑效应实际迎合了两种不同心理特征的大众心态。首先人都具有自私的一面，都害怕别人比自己过得好，因此常常会对那些很出色的人心怀嫉妒，这样就会制造一些不必要的冲突。如果这时候你能够主动示弱，能够适时干一些傻事蠢事，对方也许就会觉得你其实也是一个平凡的人，你也会犯错，这样他们的内心能够更加平衡一些，而且也愿意接受和信任你。

其次，一个完美无缺的人总是高高在上，让人觉得难以接近和亲近，换句话说，你越是表现得完美无瑕，大家就越觉得你脱离了生活，这样会导致人际关系的疏远。如果你表现得像正常人一样，犯一些错误，做一些傻事，对方反而会觉得你更具有人情味，也更加生活化，觉得你是一个很好相处的人。

很多哲学家说完美其实就是最大的缺陷，有时候出现一些小的缺陷不仅瑕不掩瑜，还会让这个缺陷成为优势和亮点，从而受到更多人的欢迎。就像美人光滑的脸一样，所有的女人都希望自己的脸洁白光滑，但如果你能够在嘴角的下巴处长出一颗黑痣，大家不仅不会认为这是缺陷，反而会认为这是美人痣。所以我们在日常生活中也要懂得给自己添上一颗"黑痣"，也要懂得适当地往自己脸上"抹黑"，只有把缺点给别人看，才能够消除别人的嫉妒，才能够迎合大众化的想法，而且还会将缺陷变成优势。

很多优秀的管理人员平时一丝不苟，总是将所有的事情做到很完美，这样的确会给员工树立好榜样，但是也会让员工背负沉重的心理负担，因为他们常常会觉得自己比不上你，常常担心自己做错后会受到惩罚，这样反而会觉得管理者难以接近。如果管理人员刻意在员工面前犯错，这样员工就可以放下心理包袱，了解其实对方和自己是一样的人，这时候他们反而能够将工作做好，而且也会主动亲近上司。

有些老师在教育学生的时候，也会采用这样的方法，尤其是那些学习不太好的学生，常常会因为自己做错了题目，因为自己学不会而产生自卑心理，久而久之就会厌烦学习排斥读书，而且会对老师产生恐惧感。但是如果老师也经常犯一些错误，就可以让学生更加坦然地面对自己的失误，这样有助于帮助学生重拾信心，而且也会觉得老师的人格魅力很吸引人。

所以，当你觉得自己很优秀的时候，一定要降低自己的格调，要经常犯一些错误，要展示自己的缺点，只有这样才能迎合更多人的心理需求，才会受到更多的爱戴和信任。做人要懂得适时出丑，适时展示自己不完美的一面，维纳斯正是因为断臂才引发更多的联想，才会受到更多人的喜爱，有时候缺陷并不见得就是坏事，反而是万花丛中一点绿，具有更独特的魅力。

近因效应：熟人的印象往往定格在最后一眼

在生活中，我们常常会对某个不很熟悉的人进行评价，可是当我们经过更多的接触和了解之后，开始改变自己的看法，从而对对方形成新的认识，而这种新认识开始主导我们的意识和行为。这种情况从心理学的角度来说就是"近因效应"，它是指我们在了解别人的过程中，最近获得的信息所产生的认知上的影响远远大于以往获得的信息，可以说新近的信息重新刺激我们形成新的认识，并影响我们的判断，而原先的认知则被慢慢模糊和遗忘。

在很多时候，近因效应也被称为熟人效应，我们对于某些人的看法或者印象往往产生在熟识之后的最后一眼，我们最后一眼所看到的别人是什么形象，就会认为对方是什么形象。这个效应是一个名为卢钦斯的心理学家发现的，他曾经进行过一个名为吉姆印象的实验。在实验的过程中，卢钦斯对一个名叫吉姆的男孩儿做了两段不同的描述，第一段文字将吉姆描述成一个热情奔放的人，第二段文字则将他描述成冷淡内向的人。接着他将两段文字组合在一起，然后发给不同的观众阅读。

在第一组观众阅读的文本中，描写吉姆热情奔放的文字先出现，描写吉姆内向冷淡的片段则出现在后面。而第二组的观众阅读的信息恰恰相反。结果实验证明，最先呈现出来的信息往往要比后来呈现的信息更有影响力，也就是说观众一开始阅读到的吉姆是什么样的人，他们就会认为吉姆是什么样的人。

这时候卢钦斯再次做了改变，就是在两段不同的文字当中加入一些细节和故事，穿插了吉姆的一些日常活动，这样能够让观众有一个深入了解吉姆的过程。之后，他又让阅读者进行阅读，然后判断吉姆是什么样的人，这时，他发现多数阅读者都将最后呈现出来的信息当成评判的标准，这些信息比一开始呈现出的信息更有影响力。由此，卢钦斯发现一个规律，那就是当人们最先互相接触的时候，最开始的印象往往会决定我们的看法，可是当两个人经过长时间的接触和交流，就会改变和颠覆最初的印象，反而会将熟识之后的个人印象当成最终的认知和评判标准。

近因效应在生活中起着很重要的作用，尤其是当我们面对那些不很了解的人时，一定不能冲动行事，也不能轻易被别人的外表欺骗。想要找到一个和自己合得来的朋友，想要找一个适合合作的伙伴，想要跟随一个有潜力的贵人，我们都不能操之过急，不能仅凭暂时的印象就做出判断，而需要综合更多的信息来完善我们的认知。

事实上，近因效应很多时候会产生一些负面影响，比如说恩恩爱爱的夫妻因为某一次的吵架而结仇，最终导致离婚；清廉一生的官员因为晚年的一次小失误而名节不保，成为人人痛恨的贪官；多年的好朋友因为某一次的小分歧最终分道扬镳；一辈子做善事的人因为某个小问题成了人人讨伐的对象。其实严格来说这些人并不是坏人，也没有什么大的问题，只不过因为一时的失误，才会使外界对其产生不良的印象，并因此抹杀他们所有的功绩与优点。而那些一辈子表现不良的人，很可能因为最近一次的优异表现而被人善待，其实这是不公平的。我们很容易在这种错误的印象中做出错误的判断。

戊戌变法最后之所以惨遭失败，一个很重要的原因就在于变法革新派过于信任袁世凯，他们和袁世凯打过几次交道，就错误地认为袁世凯是站在自己这一边的，也是支持国家变法改革的维新派。事实上，袁世凯却是一个有所顾忌的人，他并没有明确自己的位置，他不想夹在光绪黄帝和慈禧太后之间为难，也就是说他是一个见机行事的人。只不过他曾经向光绪皇帝和维新派表忠心，说要杀掉太后身边的红人荣禄，这句话成为维新派死心塌地相信他的原因。

而当维新派准备行动的时候，袁世凯突然真相毕露掉了链子，不仅没有帮忙，反而向荣禄和慈禧太后告密，最终导致维新运动失败，戊戌六君子也惨遭横祸。其实，如果当时的维新人士能够更多地了解袁世凯的为人，不因为他一时的表白而过分相信他，就不会对他委以重任，更不会轻易透露太多的信息。

事实上，与人交往的时候应该全面客观地看待对方，不能仅凭第一印象就判定对方的为人，也不能仅凭最近的印象就评判对方的是非、好坏、优劣，而应该综合对方以往的表现，全面地看待别人，只有这样才能形成一个比较客观、完整的形象，这样才不会因为一时的失误而做错事。

晕轮效应——以偏概全要不得

经过研究发现，人们对于他人的判断和认知通常从局部出发，往往由某一个点、某一个面而扩散得出整体印象，这就是著名的晕轮效应。爱德华认为在晕轮效应的影响下，人们身上的某些特点和品质会像月光的光环一样扩散开来，然后将个人身上的其他品质和特点遮掩起来，这样我们就会以偏概全，误认为对方是某一种品质的人。正因为这样，晕轮效应常常也被人称为"光环效应"。晕轮效应容易影响我们对他人或者实物做出最准确的判断，比如当我们发现某个人身上的好和优点时，他很可能会被这些"好"笼罩起来，然后被赋予一切好的品质。如果你过于看重对方身上的某个缺陷，那么他就会被"不好"的光环所笼罩，这时候你会认为对方是一个坏人，而他身上所有的品质都是坏的。这种片面的认知显然不合情理，也不符合与人交流的原则，很容易误导我们的认知和行为。

美国的心理学家凯利曾经专门做实验来求证晕轮效应，当时他对麻省理工大学两个班级的学生做了实验，他向学生宣布请来一位在读研究生当临时的导师，凯利在某个班级上介绍这位导师的时候，使用了热情、勤奋、务实、果断等褒义词来赞美他。而在第二个班级介绍导师的时候，他将"热情"改成了"冷漠"，其余的用词则是一样的。结果当导师和这两个班级的学生接触之后，他发现第一个班级的学生非常欢迎导师，彼此的互动性很强，而第二个班级的学生却对导师敬而远之。

其实导师是同一个人，就是因为凯利改变了一个词，结果导致学生以偏概全，产生了不同的反应。因为当学生听到导师是个热情的人时，一定会认为对方是一个非常好相处的人，而当学生听到导师很冷漠时，就会对其他品质漠不关心，认为对方是一个难以相处的人，因此会出现截然不同的局面。

凯利由此认为，多数人都是戴着有色眼镜去看待和评判他人的，对方身上的某一个优点或者缺点会影响我们的基本判断，让我们草率地对一个人定性，而这种做法显然不够科学合理。正因为如此，凯利呼吁大家一定要全面客观地看待别人，要尽可能全面地了解一个人，不要一棒子把人打死，也不能一下子把人捧上天，而应该从事实出发，不能以偏概全。

事实上，生活中到处存在这样的现象，当某个人身上有很明显的优点吸引你时，你会认为对方无论做什么都是好的，无论哪个方面都是优秀的。就像很多明星的崇拜者一样，由于对明星的长相、演技、歌声等方面过于看重，就认为对方是万能的完美的，绝对不允许别人中伤他们，实际上明星也有各种各样的问题和不足。有些官员因为政绩出众，或者做了件利民的好事，我们就会认为他们是好人，认为他们从不贪赃枉法，事实上他们也许是大贪官。所以我们在为人处事的时候，一定要全面客观地看待他人，不能够被某一部分的光环遮蔽眼睛。

1961 年 4 月 12 日，苏联人加加林第一个进入太空，这引起了世界性的轰动，尤其是苏联人都觉得加加林是了不起的英雄。加加林回到地球的时候，与社会各界的名人领袖握手合影，军衔也一下子升了好几级。大家都认为加加林是和领袖赫鲁晓夫一样值得崇拜的神，当时的苏联刮起了一阵"加加林风潮"，大家模仿他的微笑，模仿他的着装打扮，模仿他的发型。因为对于人类飞天的贡献，加加林成为完美的人，尽管很多人不认识他，但是提起这个名字就觉得对方一定无所不能。

事实上加加林身上有很多缺点，最明显的就是他常常超速驾驶，当时为了奖赏加加林的贡献，苏联政府奖励给他一辆伏尔加轿车，这下，加加林更是每天肆无忌惮地在街上飙车。有一次，加加林因为超速行驶加上闯红灯，撞坏了另一辆车子，车子里的老太太被撞破了脸。当交警赶来处理的时候，加加林才不情愿地从车子里走出来，而当交警看到驾车的司机是加加林时，连忙举手行礼，围观的人群也大声欢呼。这时候交警直接判定老人违规在先，围观的人也认为这个判罚很妥当，因为国家英雄加加林是不会犯错误的。而老人知道对方是加加林后也开始赔着苦笑，没有说什么。

之后交警叫来一辆车，然后让人护送加加林离开，并准备将责任全部记到老太太身上。当加加林上车之后，脑子里想的全部是老太太脸上的血和苦笑，他意识到原来一个国家英雄可以轻易颠倒黑白，可以蒙蔽人心，可以让一个受伤的长者为自己顶罪，想到这里，加加林立刻下了车，然后自己主动承认了错误，并向老太太和在场所有的人道歉。

我们常常说情人眼里出西施，我们很容易因为别人的某些优点而认定对方的一切都是好的，我们也常常因为别人的某些缺点而认定对方的一切都是不好的。那些片面的好与坏很容易绑架我们的感情，影响我们的心理判断。做人不能只看片面，不能被他人的光环所干扰，而要看得更加全面，看得更为深入，否则我们就可能看走眼，可能做出错误判断而造成重大的失误和损失。

Chapter 10

第十章

融入圈子，让身边的人为你效劳

穿透六个人的私交，你和谁都能聊得来

在德国的法兰克福有一家土耳其烤肉店，虽然店面不大，但非常受欢迎。一次，一个记者到店里吃饭，和老板闲聊起来。其间，电视里正在播放马龙·白兰度主演的影片《这个男人有点色》，老板便说："要是这辈子能够让白兰度亲自尝到我做的烤肉那该多好啊，因为我最爱的明星就是白兰度。"

记者便鼓励老板发动身边所有的人际关系，尝试跟白兰度建立联系。起初老板还觉得有些不可思议，但是经过几个月的努力，这位老板只通过不超过六个人的私交就跟马龙·白兰度建立了人际关系。

原来，这位老板有个朋友住在美国加利福尼亚州，刚好这个朋友的同事，是电影《这个男人有点色》的制作人的女朋友的结拜姐妹的男朋友，事情就是这么奇妙。

斯坦利·米尔格拉姆提出了一个著名的理论——六度分隔。这个理论认为，任何一个我们想与之交流的人跟我们只有六个人的距离，或者说，我们与任何一个陌生人之间间隔的人不会超过六个。比如，我们可能不认识比尔·盖茨，但是我们只需要通过六个人就能跟他攀上关系。

这就告诉我们，在与任何人交谈的时候，不管是正式的场合，还是非正式的场合，我们都要认真对待，不要带着"以后可能再也不见"的心态去跟人交流，更不要因为羞怯而不敢开口，因为，每一个与我们交谈的人，说不定就为我们的某一个目标搭建了桥梁。

社会中的每一个人，都不可避免地要与其他人说话、交流，在这个过程中，能看出一个人说话功力的"深浅"。嘴笨不仅会让人丢尽面子，在某些特殊时刻，嘴笨甚至会使人丧命。

有位美国政界要人说过，口才比外语知识和哈佛大学的文凭更为重要。说话看似简单，两片嘴唇一碰，语言便产生了，但要把话说得有水平、有说服力却不那么简单，而要做到口吐莲花、能言善辩、打动人心就更加不容易了。

找工作要说话，结交朋友要说话，说服别人与自己合作要说话，想要影响别人也要说话，说话能力的高低直接影响一个人的人脉和前途。社交上得心应手、求职时轻松过关、推销的业绩倍增、职位的直线上升、谈判时无往不利，都有赖一张会说话的嘴。有的人不是得罪朋友，就是耽误生意，再不然就是家庭不幸福，大多数是由于他们拙于言辞造成的。

每个人的成功与失败都和周围的环境、物力、人力有很大关系。社交是其中重要的一环，社交中可以遇到知己、贵人和机遇，但一个不敢和不善于表达自己的人是无法获得这些改变命运的机会的。在当代社会，无论生活、工作还是爱情，勇于说出自己内心想法的人要比含蓄、害羞的人获得更多的青睐。很多时候，人们欣赏的是一个人是否勇于表达自己，而不完全在乎这个表达的正确性。所以，如果自己是羞涩的人，不如尝试着改变自己，大胆地说话和办事，成功或许会因此离你越来越近。

结识一个陌生人，进阶一个圈子

想一想，目前你的人脉网有多大？你想扩展你的人脉资源吗？人缘就像是一种回应，你送出去什么，它就送回什么，你播种什么就会收获什么，你给予什么就会得到什么。因此，要想有个宽广的人脉网，你必须不失时机地与人沟通，与人建立长久的联络关系。

我们往往会碰到这种情况：在某一场合里有很多人，你怎样才能在这很多的人里游刃有余，让更多的人关注你、重视你，让陌生人结识你，将不熟悉的人存入你的人脉存折呢？在这种场合下，不妨利用你的熟人，让熟人介绍一下你想认识的陌生人。

如果去的场合是朋友举办的聚会，你可以主动请东道主引见其他朋友。如果人不太多，可以让东道主主动把你介绍给大家，然后你就可以与任何一位聊天。其他人因为你与东道主关系亲密，也会很高兴结交你。即使你与东道主关系一般，他只要把你请来了，就会满足你这个要求，但你必须主动提出来而且要注意时机的把握。

如果你和东道主不是超出一般的关系，一般来说他不会主动把自己的朋友介绍给你，尤其是在大家都很忙的时候。所以，想认识谁，就要主动寻找渠道。比如，当朋友与别人交谈时，你主动走上前去同朋友打声招呼，说几句话，这样他会主动介绍一下正在与他说话的人。如果没有介绍，你可主动地问一句："这位是？"朋友告诉你后，你趁机与对方搭上话，但不要谈太长时间，以免耽误朋友的事情，对方也会认为你不礼貌。简单地说两句之后，起身告辞，或再加上一句："回头我们再叙，你俩先谈吧。"

此外，参加各种研习会或培训班，也是拓展人脉的一个好途径。这里的人来自不同的群体、不同的领域，他们都有爱好学习、热爱成长、追求事业成功这一共同目标。如果你们是同行，可以彼此交流工作体会，探讨行业潮流，了解更多相关的行业信息。这些信息对于制定决策、发展事业是很有帮助的。如果你们从属不同的行业，那他就有可能成为你的客户。同时，他也有可能带给你正在寻找的东西。从这些聚会中可以建立深厚的友情。

头等舱真的有必要搭乘吗？是为了更安逸、享受更好的服务，还是为了比其他乘客早30秒起飞，早30秒着陆呢？或是为了生命安全？统统不是，我们不是享受主义者，更不是贪生怕死之徒，只是为了拓展自己更高层次、更高品质、更高价值的人脉网。因为搭乘头等舱的乘客大都是政界领袖、企业总裁、社会名流，在他们身上可能会存在许多潜在商机，也许乘坐一次头等舱，就可改变自己的一生。

在飞行中谈成几笔生意，这样的例子举不胜举。在头等舱常有机会结下难得的友谊，这在经济舱内的旅行团体中是很难遇到的。坐头等舱的人都希望了解同舱里的其他乘客为什么愿意多付20% ~ 30%的费用来换取喝香槟、比其他乘客早30秒着陆的权力。特别是在长途旅行中，你可以结识些飞行贵人，从而建立珍贵的友谊。

想拓展人脉资源，还要积极参加公司组织的各种各样的聚会。如果有不同行业的交流会，也要主动地参与筹划；加入有共同兴趣的圈子也是结交新朋友的最佳途径。

先有大要求，再提小要求

尼一韦是美国著名的顾问，贺华勃及罗克法芮等许多大名鼎鼎的人物常常向他咨询或让他做决策，他曾经很妥善地帮助他们解决了一个个非常难处理的事件。

尼一韦想请英国著名的阿丝狄夫人出席刚在纽约动工的阿斯托尼亚大饭店的奠基典礼。

"不行，"阿丝狄夫人说，"此事恕我不能从命，你们之所以需要我，只是让我为你们的饭店做做广告而已。"

而尼一韦的话却使她大吃一惊。"夫人，的确如此。"尼一韦接着说，"然而，你也不会一无所获，你可以借此接近广大群众。因为，这个典礼将由广播电视向全国转播。"

后来他又向她声明，他们并不希望她发表什么演说，只是要她到场露一下面就行，并且反复强调此举的意义。最后阿丝狄夫人便应允下来，答应出席他们的奠基典礼。

从这我们可以看出，尼一韦能使阿丝狄夫人答应的真正原因还是在于，他在开始的时候，做了使夫人感到出其不意的让步。

阿丝狄夫人说："他们需要我做广告，这是我不愿意的。然而，他却坦白地承认了这一点，在这一点上他做了让步。"接下来尼一韦迎合了阿丝狄夫人的心理去劝说，最终他取胜了。

在生活中，我们经常可以见到这样一种现象：一个人提出了一个大要求后再提出一个同类性质的小要求，这个小要求就有可能被人轻易地接受。这一现象与"进门槛"恰好相反，因而人们称其为"反进门槛效应"，也叫留面子技术。这个例子中的尼—韦就是很好地运用了留面子技术。

这一效应在美国心理学家西阿弟尼等人于1975年做的实验中得到了印证。他们要求第一组被试者做一件没有工资的工作，即当少年犯的顾问，每星期两个小时，至少做两年。毫无疑问，没有一个人答应这样的要求。当所有人都拒绝时，实验者马上问他们，是否同意做别的事情，只需要很少的时间，即带着少年犯到动物园游玩两个小时；对第二组被试者只提出了较小的要求，要求他们带那些少年犯到动物园游玩；对第三组被试者提出可以在两种要求中间选择一个。结果他们同意的百分率分别为50%、16.7%、25%。

由此可见，运用这种留面子技术的效果是十分明显的。事实上，这种技巧在小商品市场司空见惯。小摊贩先漫天要价，然后再讨价还价，这时人们便以为他为此让步了，价格比较合理了，因此便接受了他的请求。日常生活中，这类例子也比比皆是。例如，你想说服别人借给你500元，你可以先向他提出借2 000元的要求，遭到拒绝后，待他向你解释原因时，你可以说："既然2 000元很难拿出手，那借500元总可以吧。"这样，他就有可能答应你这个较小的要求。

如果妻子只是劝说丈夫每天少抽几支烟，丈夫可能无动于衷，妻子进而要求戒烟，不许屋里有烟味，丈夫很可能赶紧让步，答应每天只抽五支烟，妻子也就达到要求丈夫少抽烟的预期目的了。

"反进门槛效应"的产生与心理反差的错觉作用密不可分。大要求与小要求会引起心理反差。一般来说，要求之间的差距越大，其心理反差越大，给人的错觉也越大。

软硬兼施，抢占先机

1923 年，苏联国内食品短缺，苏联驻挪威全权贸易代表柯伦泰奉命与挪威商人洽谈购买鲱鱼的业务。

当时，挪威商人非常了解苏联的情况，想借此机会大捞一把，他们提出了一个高得惊人的价格。柯伦泰竭力讨价还价，但双方的差距还是很大，谈判一时陷入僵局。怎样才能打破僵局，以较低的价格成交呢？柯伦泰心急如焚。低三下四是没有用的，而态度强硬更会使谈判破裂，她冥思苦想终于想出了一个办法。

当柯伦泰再一次与挪威商人谈判时，她十分痛快地说："目前我们国家非常需要这些食品，好吧，就按你们提出的价格成交。如果我们政府不批准这个价格，我就用自己的薪金来补偿。"挪威商人一时竟呆住了。

柯伦泰又说："不过，我的薪金有限，这笔差额要分期支付，可能要一辈子。如果你们同意，就签约吧！"

挪威商人被感动了，经过一番商议后，他们同意降低鲱鱼的价格，按柯伦泰的出价签订了协议。

美国石油大亨、哈佛大学管理学名誉教授大卫·托迪说："你的一生中，会有不计其数的谈判对手等着你粉墨登场，'对症下药'这句中国人的老话千万别忘了，否则，你的表演只能赢得倒彩，让别人登台。"的确，针对对手的心态或者立场的变化，相应地改变谈判策略，才是成熟的谈判者应该有的姿态。

在很多大牌公司的商务谈判上大显身手的年轻讲师布莱兹说过，一味地用和气、温柔的语调讲话，一个劲地谦虚、客气、退让，有时并不能让对方信赖、尊敬及让步，反而会使一些人认为你必须依附于他们，或认为你是个软弱的谈判对手，可以在你身上获得更多更大的利益。

但是，如果你一开始就以较强硬的态度出现，从面部表情到言谈举止，都表现出高傲、不可战胜、一步也不退让，那么留给对方的将是极不好的印象。这样，会使对方对你的谈判诚意持有异议，从而导致对方对你失去信赖和尊敬。

正确的做法应当是"软硬兼施"，强硬与温柔相结合，能使人的心态发生很大的变化：强硬会使对方看到你的决心和力量，温柔则使对方看到你的诚意，从而增强信任与友谊。

在商务谈判中，软硬兼施的策略被谈判者普遍使用。软的方法，以柔克刚；又用硬的手段，以强取胜，上述事例中的苏联谈判代表用的就是这种方式。当谈判一方处于被动或劣势的时候，可以先软后硬，硬了再软，或一波三折，软硬交叉，促使谈判成功。

美国富翁霍华·休斯性情古怪，脾气暴躁。有一次他为了采购飞机的事情与飞机制造商的代表进行谈判。

休斯要求在条约上写明他所提出的总共34项要求，并要求制造商承诺不向其他竞争对手透露这些要求。但对方不同意，双方针锋相对，谈判中冲突激烈，对方甚至把休斯赶出了谈判会场。

　　后来，休斯意识到是坏脾气把这场谈判弄僵了，他想自己大概没有可能再和对方坐在同一张谈判桌上了，于是就派了他的私人代表奥马尔继续同对方谈判。他告诉奥马尔："你只要争取到 34 项中的那 11 项没有退让余地的条款就行了。"奥马尔态度谦和、通情达理，使飞机制造商的代表感到格外轻松。经过一番谈判之后，他争取到了 30 项条款，其中包括休斯所说的非要不可的 11 项。

　　休斯惊奇地问奥马尔是怎样取得如此辉煌的胜利的，奥马尔说："其实很简单，每当我同对方谈话不一致时，我就问对方：'你到底是希望同我解决这个问题，还是留着这个问题等待休斯先生同你解决？'结果，对方每次都接受了我的条件。"

　　什么时候应当坚持强硬立场，什么时候持合作态度，什么问题必须达到本方要求，什么问题可以满足对方，在时机与"火候"上都应把握好。初涉谈判或经验并不丰富的谈判者，要谨慎地运用这种策略，否则可能会适得其反。

请客吃饭，好理由"打头阵"

中国有句古话叫"无功不受禄"。因此，在任何时候，请别人吃饭一定要找个合适的理由，以此拉近人与人之间的关系，提高办事的成功率。如果对方欣然赴宴，那么求对方办的事就等于成功了一半。也就是说，用好理由"打头阵"，往往能促成一次成功的饭局。

库克是刚毕业的大学生，初入职场的他和办公室里元老级的同事总有些不合拍，连领导都说他有些木讷。办公室里的同事总能找到理由请客，领导也时不时欣然前往。而库克更加被孤立，虽然他也在寻找请客的理由，以期拉近和大家的距离。

库克没有女朋友，生日也还有半年多的时间，他实在找不到可以宴请大家的理由，理由不合适的话，又怕落个"马屁精"的外号。这天，库克在路边的饭厅吃午餐，看到对面有个彩票销售点，很多人在排着队买彩票，他灵光一闪，顿时想到一个好办法。

从那天起，库克开始买彩票，还有意无意将买来的彩票"遗忘"在办公桌上。库克买彩票的消息，在同事间不胫而走。还没等大家把这个消息炒成办公室最热门话题，库克在一天早上郑重地宣布自己获得了 20 000 元的大奖。下班后，同事和领导被请进了饭店，酒足饭饱后，库克从大家的眼神里看到了认可和友好的神情。

从此以后，他也渐渐融入了办公室这个大集体，上司和同事对他伸出了援助之手。就连他日后买房子的事，也是同事鼎力相助的结果，而这一切要谢就得谢那次虚拟的"中奖"啦。

俗话说，"吃人家的嘴短"，很多人都明白这个道理，所以不是你请客别人就会来赴约。有时候，即使你真诚邀约，并且不需要对方花一分钱，他们也会想办法拒绝，因为他们深知"天下没有白吃的午餐"，这一餐饭他们迟早得以其他的方式买单。所以，宴请别人之前一定要找个好理由，理由找好了，才能让对方欣然赴宴，你的目的才有可能达成。

请客吃饭时，要想堵住别人拒绝的口，可以采用以下几种宴请方式：

1. 开门见山式

例如，当你想邀请上级领导吃饭时，可以直接说："经理吗？我们现在在某某酒楼吃饭，过来认识几个朋友吧，我们等你来啊。"这种方式自然亲切。

2. 借花献佛式

例如："经理！今天获奖名单公布了，我中奖了！天上掉下来的财要散一散才好啊，走，我们去庆祝庆祝！"然后在酒宴上再提自己求他所办之事，那时候他酒都喝了，哪好意思不帮你？

3. 喧宾夺主式

例如："先生，你中午没有时间啊？没有关系，这样吧，下午我去订个位置，晚上你带上你的家人，我们一起去吃顿大餐怎么样?晚上我给你电话!"这样发出的邀请，别人很难再有借口推辞了，你也就有了接近对方，求其办事的机会。

　　自古以来，请客吃饭都不是简单的事，其背后往往潜藏着宴请者巨大的利益追求。请客是一种排场、一种面子、一种投资、一种手段，是"天下没有白吃的午餐"的最真实写照。而如何设计好这场饭局，成功网罗住"大鱼"，一个好理由"打头阵"是绝不可少的，大家在现实生活中可适当选用上述理由，以助饭局顺利。

形势不妙，借敬酒转话题

在饭局上求上司办事是很普遍的事情，但是这并不是说只要你请上司吃饭，对方就一定能够答应给你提供帮助，这其中有很多技巧需要注意。

贝尔夫妻俩都是某学校的老师，前段时间教导主任退休了，按资格来说贝尔是最有希望晋升这个职位的，这之前他曾连续五年当选为州优秀教师。可是，一个多月过去了，校长那边毫无表示。贝尔暗示了几回，校长还是没有丝毫表示。无奈之下，夫妻俩决定请校长吃饭，顺便探听虚实，也好就势争取。

席间只见校长一再顾左右而言他，就是不提选拔主任这件事。贝尔性子急，问校长说："校长，主任退休那么久了，教务处现在都是由副校长管着，副校长一人担两职实在是劳累，这不是长久之计啊！"校长笑了一笑，说："这个嘛，校领导一直在开会讨论，可咱们学校实在是人才济济，还得从长计议啊！""可是，这个按照资格来说……再说，这选谁还不是校长您说了算吗？"贝尔很不满意校长的话，出口反驳。校长一听贝尔说这话，立马变了脸色，正要开口，贝尔的妻子说："哎哟，真是的，你们男人怎么吃饭也离不开谈公事啊！今天咱们就是吃饭，不谈公事啊！赶紧吃菜，傻愣着干什么，赶紧给校长满上。"贝尔明白妻子的暗示，赶紧给校长倒满了酒，三人碰了杯。

接下来，贝尔和校长就学校里的一些事情交换了意见，中间不免有看法不一之处，可是他的妻子每次都能在关键时刻以敬酒为名，转移话题，避免两人起争执。最后，校长表示这顿饭吃得很愉快，并感谢夫妻俩的款待。

请客吃饭，求他人办事时，切忌急功近利，一门心思只想着达己所愿而不顾及饭桌上的气氛。我们要想在饭桌上更好地成事，就要善于察言观色，眼见形势不妙，就应以敬酒的方式尽量缓解，不可操之过急，甚至在对方脸色不对、情绪不佳的当口，还只顾着自己的利益，那样是很难真正办成事的。

不想喝酒时，如何拒绝不伤颜面

酒桌上总是喝酒容易拒酒难，拒绝本身就是一件难事；拒酒的话要说得不让劝酒的人觉得你是故意不给面子，也不要让其他人觉得你在故意扫大家的兴。下面我们介绍几种行之有效又自然大方的拒酒方式：

1. 满脸堆笑，就是不喝

艾马尔大喜之日，特邀亲朋祝贺，拉丹也在其中，然而拉丹平素很少饮酒，且酒量"不堪一击"。酒席上，偏偏有人提议拉丹与艾马尔单独"表示"一下，拉丹深知自己酒量的深浅，忙起身，一个劲地扮笑脸，一个劲地说圆场话："酒不在多，喝好就行。"

"经常见面，不必客气。"

"你看我喝得满面红光，全托你的福，实在是……"

结果艾马尔无可奈何。

在宴席上一些"酒精（久经）考验"的拒酒者，任凭敬酒的人说得天花乱坠，他就是笑眯眯地频频举杯而不饮，而且振振有词。这种"满面笑容，好话说尽"的拒酒术往往能让对方拿你没办法，最后只好作罢。

2. 以其人之道，还治其人之身

维尔的朋友杰克，人很好，就是有一个毛病，喜欢在酒席上盛情劝酒，而且通常采取那种欲抑先扬的劝酒术，先恭维对方是"高人"或"朋友"，再举杯敬酒，让对方骑虎难下。因为杰克已经"有言"在先，如果不喝，就不配为"高人"，不配做"朋友"。

这天在酒席上，杰克又故技重演，劝维尔喝酒，可维尔怎么也不想喝了，于是说："今天你要我喝酒简直是要我的命。如果你把我当朋友，就不要害我了！"

杰克也不好意思再劝了，维尔使用了和他一样的说话技巧，可谓"以其人之道，还治其人之身"。因为维尔的言下之意也很明白：你要我喝酒就不够朋友！而劝酒者都有一个心理：喝也好，不喝也罢，口头上都必须承认是朋友、是兄弟。抓住这个弱点予以反击，劝者碍于"朋友"的情面，不得不缄口。

3. 坦白求"从宽"

本杰明去参加一个宴会，布什好久没与他见面了，坚持要和本杰明痛饮三杯，本杰明说："你的厚意我领了，遗憾的是我最近一段时间身体不好，正在吃药，已经好久滴酒不沾了，只好请老朋友你多多关照了。好在来日方长，后会有期，日后我一定与你一醉方休，好吗？"

此言一出，宾客们纷纷赞许，布什也只好见好就收了。

事实胜于雄辩，拒酒时，若能突出事实，申明实际情况，表明自己的苦衷，再配上得体的语言，就能取得劝酒者的谅解，使他欲言又止，辍杯罢手。

4. 夸大后果，争取谅解

饮酒的最高境界当然是喝好而不喝倒，让客人乘兴而来，尽兴而归。那种不顾实际的劝酒风，说到底，不过是以把人喝倒为目的，这充其量只能说是一种低级趣味的劝酒术，是劝酒中的大忌。作为被劝者，当酒量达到一半有余时，就应向东道主或劝酒者说明情况。如："感谢你对我的一片盛情，我原本只有三两酒量，今天因喝得格外称心，多贪了几杯，再喝就'不对劲'了，还望你能体谅。"

如此开脱以后，就再也不要喝了，这种实实在在地说明后果和隐患的拒酒术，只要劝酒者明白"过犹不及"的道理，善解人意者就会见好就收。

5. 女将出马，多以情动人

媛媛陪丈夫参加聚会，酒席上丈夫的好朋友们大有不醉不归的架势。但丈夫身体不好，媛媛担心生性内向的丈夫会一陪到底，而不会适时拒绝。等丈夫三杯白酒下肚，媛媛站了起来，举起手中的酒，对酒席上丈夫的朋友们说："各位好朋友，我丈夫身体不好，两周前还去过医院，医生特地嘱咐说不能喝酒，可今天见了大家，他高兴，才喝了那么多。既然都是好朋友，你们一定不忍心让他酒喝尽兴了，人却上医院了。为了不扫大家的兴，我敬各位一杯，我先干为敬！"

说完，一杯酒就下了媛媛的肚子。丈夫的朋友们听她说的话挺在理，又充满感情，再看她豪爽的架势，也就不再劝她丈夫喝酒了。

酒席上，女人拒酒往往更能得到人们的理解，如果女人能帮着丈夫拒酒，不就是帮丈夫解围了吗？当然，这时一定要慎重，不要贸然代替丈夫拒酒，否则会让人觉得你的丈夫不豪爽，反而有损丈夫的面子。

6. 设下陷阱，请君入瓮

布朗新婚大喜之日，当酒宴进入高潮时，某位"酒仙"似醉非醉，侃侃而谈，请三位上座的来宾一起大喝一瓶。面对"酒仙"言辞上的咄咄逼人，三位来宾中的一人站起来说："我想请教你一个问题，'三人行，必有我师'，这是不是中国圣人孔子的话？"

"是的。""酒仙"说。

来宾又问："你是不是要我们三个人一起喝？"

"酒仙"答："不错。"

来宾见其已入"圈套"，便说："既然圣人说'三人行，必有我师'，你又提出要我们三人一起喝，你现在就是我们最好的老师，请你先示范一瓶，怎么样？"

这突如其来的一击，直逼得"酒仙"束手无策，无言以对，只得解除"酒令"。

这一招叫"巧设圈套，反守为攻"，就是先不动声色，静听其言，等待时机。一旦时机成熟，抓住对方言辞中的"突破口"，以此切入，反守为攻，使对方无言争辩，从而回绝。

当然，这一招最为关键的是"巧设圈套"，这需要设局者跳出当时的处境，以旁观者的心态，去看待事情本身。这时，往往会有"闪亮"的圈套跃入思维。

总而言之，我们在饭局中拒酒的时候，一定要注意说话方式。生硬拒绝的话，如："我偏不喝，你能把我怎么样？"这样没准就会和劝酒者发生争吵，而一旦争吵起来，趁着酒疯，很可能会丧失理性，使喜庆的宴会变成充满火药味的战场。拉开架势的话，如："你逼我喝？好，我今天豁出去了，谁怕谁？"本来是想拒绝，这么一说，反倒成了挑战，实在是事与愿违。有漏洞可钻的话——"不用了吧，咱俩谁跟谁？"没准对方会说："就是，咱俩谁跟谁？我的酒你能不喝吗？"

聊天本身就是思想的碰撞

　　1937 年 10 月 11 日，罗斯福总统的私人顾问亚历山大·萨克斯受爱因斯坦等科学家的委托，在白宫同总统进行了一次会谈。会谈的主要目的是要求总统重视原子能的研究，抢在德国之前制造出原子弹。

　　萨克斯先向总统面呈了爱因斯坦的长信，接着读了科学家们关于发现核裂变的备忘录，然而，总统对这些枯燥、深奥的科学论述并不感兴趣。虽然萨克斯竭尽全力地劝说总统，但总统在最后还是说："这些都很有趣，不过政府若在现阶段干预此事，似乎还为时过早。"这一次的交谈，萨克斯并没有说服罗斯福总统。第二天，罗斯福邀请萨克斯共进早餐，萨克斯十分珍惜这个机会，决定再次尝试。

　　一见面，萨克斯尚未开口，总统先生便以守为攻地说："今天我们吃饭，不许再谈爱因斯坦的信，一句也不许谈，明白吗？"

　　萨克斯望着总统含笑的面容说："行，不过我想谈一点历史。"因为他知道，总统虽不懂物理，对历史却十分精通。

　　"英法战争期间，在欧洲大陆所向无敌的拿破仑，在海战中却不顺利。这时，一位年轻的美国发明家罗伯特·富尔顿来到这位伟人面前，建议拿破仑把法国战舰上的桅杆砍断，装上蒸汽机，把木板换成钢板，并保证这样便可所向无敌，能很快拿下英伦三岛。拿破仑却想，船没有帆就不能航行，木板船换成钢板船就会沉没。他认为富尔顿是个疯子，把他赶了出去。历史学家在评价这段历史时认为，如果拿破仑采用了富尔顿的建议，19世纪的历史将会重写。"

萨克斯讲完后，目光深沉地注视着总统。此时罗斯福总统已陷入沉思，过了一会儿，总统平静地对萨克斯说：“你胜利了！”

萨克斯的“借古谏君术”大获全胜，这是因为他懂得人与人之间的谈话，说到底，就是人与人在进行思想的交流。无论是引用历史上的经验教训，还是引用其他名人名言，不仅能使谈话变得更有水平，还会显示出谈话者深刻的思想。

我们在学习语言技巧的同时，还应全面提高自身的学识修养。所谓“厚积薄发”是有一定道理的，因为语言是以生活为内容的，有丰富的生活内容、丰富的实践经验，谈话的内容才能丰富起来。

因此，对于家事、国事，都要经常关注，并从中汲取对我们有用的东西。对于所见所闻，要加以思考、研究，尽量了解其发生的过程、意义，从中悟出一些道理，这些都是学习和积累知识的机会。

若不安于做井底之蛙，就应静下心来努力学习，拓展自己的视野；若不想说话空洞无物，就应下决心用雄厚的、扎实的知识武装自己的头脑，让自己说话的内容丰富起来。

攻守之间，进退自如

彼得年轻有为，在 20 岁的时候就得到哈佛大学商学院的毕业证书，25 岁的时候已经是一家上市家电企业的 CEO。然而，回忆起当时公司举办的 CEO 竞选会，彼得依然清晰地记得自己与对手的激烈竞争。对手安森是一个已经 40 岁，在多家商业企业供职过的商场老手。

相比安森的老练和经验，彼得的年龄和商龄让他看起来很缺乏实力，以至于很多人对他是否能胜任 CEO 表示极大的怀疑。

安森也直接质疑说："彼得没有经营家电企业的经验，缺少领导者的经历。我们这样的企业是需要有很多经验、很多知识、很多阅历的人来领导的。这样，我们才有能力去应对未来国际经济的多重挑战。"

面对这些抨击，彼得拿林肯举例进行反驳，他说，美国总统林肯当年就任总统时许多人认为林肯的经验和能力不足以领导美国。然而结果如何呢？接着他又列举了林肯总统的很多政绩来表明自己的立场。

彼得还说："年轻，并不代表幼稚和缺乏经验，相反，它是一种创造力和热情的象征。我相信，我会给我们企业带来新的生命力。"

彼得很好地借用了美国总统林肯和他相似的"经历"来驳斥对手对他的攻击。林肯总统的卓越政绩是美国人难以忘怀的，在他们心中，林肯总统是神圣的。在彼得的反驳中，很显然运用到"攻"与"守"的技巧。彼得拿自己的年龄弱势做辩解，将弱势变成优势。

经典辩论术强调，在反驳与应对对方的过程中，熟练掌握"攻"与"守"的技巧是一个成熟的辩手应有的智慧。

所谓"攻"，就是利用提问对对方进行攻击。进攻的技巧有以下几点：

1. 陷对手于被动

设置令对手进退两难的问题，让对手掉进被动的陷阱，无论对手怎么回答都是不利的。这种问题的设置一定要对准话题，不能跑题偏题，更不能无病呻吟。

2. 陷对手于矛盾

寻找对手论点与论据之间的矛盾处，或者针对对手内部的矛盾，予以披露。或者，寻找对手陈词中的矛盾，答这个问题和答那个问题之间的矛盾或其他方面的矛盾，进行揭露。

3. 陷对手于荒谬

将对手的某一论点或者论据，或其他言论进行引申归于谬论，令对手陷入被动，左右为难。

4. 陷对手于难堪

提出一个看似很简单，实质却很深刻的问题。这种问题想要回答准确是很困难的，但是不答或者答不准确又很丢人，这样就会使对手左右为难。

也可以抓住对手的某一个小漏洞，针对这个漏洞提问，将其放大，使其明显化。

或者，连续提出那些能把对手逼入死角的问题，多次发问，很容易让对手无法反驳。

或者，从不同角度、不同侧面、不同层次来追问同一类问题。但是要注意，这种问题一定要找准核心，也就是论辩的主要立场和观点，以造成围攻的阵势，让对手难以招架。

5. 陷对手于情绪化

利用心理战的策略，提出容易令对方情绪激动的问题，连续追问，令其情绪波动，直至失去理智。但是，这种问题不能是人身攻击或者与论辩毫无关系的问题，如果提问不当会被人误解为胡搅蛮缠。

任何辩论都是由进攻和防守两个方面组成的，所以，我们不但要会进攻，更要会防守。正如彼得，恰当的防守不仅击退了对方的刁难，更得到人们的青睐。

当然，这些仅仅是很一般的技巧，在辩论场上，情况千变万化，这就需要辩手根据气氛和形势熟练运用。

Chapter 11
第十一章

电话沟通，拨入对方心坎里

电话，不仅可以传话，还能传达感情

电话在生活中占有如此重要的位置，以至于成为人们须臾不可离的通信工具。对于许多人来说，每天使用电话的次数比拿刀叉的次数还多。

打电话时互相看不见，但闻其声，便可猜其人。因此，你要考虑一下，在打电话的时间里，你会给对方留下什么印象。教授玛佩尔说："有很多人以为打电话的时候互相看不见，根本不必在意自己的表情，其实，就算对方没看见，也能听得出来，而就算对方恰好没听出来，电话还在看着呢，你可千万不要小看了电话。"

史密斯是电话销售人员，下面是他的一段经历：

史密斯："您好，我是××招聘网站的×××，贵公司已成为我们网站的普通会员，购买了发布招聘信息的功能，对吧？"

客户："是的。"

史密斯："那我想现在做个售后调查，不知道有没有打扰到您？"（史密斯注意到要选取恰当的时间来跟客户沟通）

客户："没关系，你说吧！"

史密斯："好的，请问，贵公司目前的人才招聘，除了用我们网站发布消息以外，还有别的方式吗？"（问现状，了解客户基本信息）

客户："没有了，只用你们网站发消息。"

史密斯："那您对公司目前的招聘状况满意吗？"（问现状，看现状与客户的期望是否有差距，客户是否满意）

客户："还可以吧，就是一些高端人才比较难招。"

史密斯："哦，那您是不是希望通过一种方式，让高端人才招聘也不那么费力呢？"（史密斯语气谦虚地询问客户的具体需求）

客户："当然啊，但是通过猎头公司的话招聘费用特别高啊，也没别的办法，难啊！"（客户说出对现状的不满）

史密斯："哦，这个问题我倒有可能帮上您，我们可以帮您订一个网站首页的广告位。您肯定也知道，高端人才一般很少有时间专门去看一条条招聘信息的……"（得知客户需求后，推荐能够满足其需要的产品）

整个谈话中过程史密斯一直面带微笑，态度诚恳，对客户保持足够的尊敬。虽然这些面部表情在电话的另一端不会被看到，但是，这种态度下的语气是可以让人感受到的。

在第一声铃响结束后用明快热情的语调接电话，这样，我们就已跨出了成功的第一步。打电话到某公司的时候，如果铃声响了很久无人接听，人们往往会对这家公司留下不好的印象。电话铃响一次约3秒钟，十次就30秒了，虽然时间看似短暂，可是心理上的等待时间往往比实际时间更久，更容易使人产生不悦，觉得不被尊重。

因此，为了给对方留下良好的印象，必须在铃响的第一声后马上接电话，即使离电话机很远也要赶紧过去接电话。如果在铃响五声之后才拿起来就要先致歉："抱歉！让你久等了。"如此对方才会感受到你的诚意，觉得你是一位有责任感又有礼貌的人。

　　声音要恰到好处，才会给人悦耳的感觉。有些人一打起电话，声音的分贝就会在无形中提高，殊不知对方早已把听筒拿到离耳朵二十厘米远；而有些人的声音像猫叫，总会令人不断地反问："什么？再说一次！"所以接打电话时声音太大和太小都不好，适中的声音要比过高、过低的声音更能令人接受，更容易给对方留下好印象。因此，我们在进行电话交谈时，声音要比平常高一点，音量适中，吐字清楚，千万不要让对方听起来劳心费神，这样就可以在短短几分钟之内，紧抓对方的心。

通过话筒，听出言外之意

正确地使用电话，并不是每一个会打电话的人都能做得到的。正确地使用电话，不只是要熟练地掌握使用电话的技巧，更重要的是，要自觉塑造并维护自己的"电话形象"。

电话形象的含义是：人们在使用电话时的种种表现。因为它是一个人内在修养的反映，所以会使通话对象"如见其人"，能够给对方以及其他在场的人留下深刻的印象。人们一般认为，一个人的电话形象如何，主要由他使用电话时的语言、内容、态度、举止等诸多方面因素构成。人们一般把它看作个人形象的重要组成部分。

在人际交往中，我们应利用电话主动与人联系。建立"关系"最基本的原则就是：不要与人失去联络，不要等到有事情时才想到别人。"关系"就像一把刀，常常磨才不会生锈。若是半年以上不联系，你就可能已经失去这位朋友了。因此，主动联系就显得十分重要。试着每天打 5 ~ 10 个电话，不但能扩大自己的交际范围，还能维系旧情谊。如果一天打通 10 个电话，一个星期就有 50 个，一个月下来，就可达到 200 多个。平均一下，你的人际网络中每个月都可以多出十几个人。

保持生动和关注。某些鸟类在对异性产生兴趣时，会改变身体颜色来传达爱意，你是否想过你在电话中说的"喂"传递了什么样的信息？它很可能包含了电话交谈的全部基调，透露出彼此的情绪：如果是随意而松弛的，说明对方正闲着；如果是友好而活泼的，说明对方正心情愉快；"我很忙，不得不立刻挂掉电话"，也许被对方误认粗鲁无礼，预示着接下来是一场狂风骤雨……

要让这声"喂"真正传递出你所希望传递的意思。有些人说这个字时，显得十分傲慢、冷淡，甚至带有敌意。其实他们自己并不知道会这样。因此，我们在电话中要特别注意"喂"的声调和感情。

面对面交谈与电话交谈时，听者所注意的重点显然不同。以前者而言，纵然说话失礼，也可以通过表情弥补。只要谈话气氛和乐，大致不会发生问题。

电话交谈则不然，往往会由于一句无心的话而得罪对方或招致误解，无论你以何种表情表示，也无法使对方消除误会，因为对方看不见你的表情。

工作正忙碌时，却接到客户的电话，对方只是闲话家常，而且越谈越起劲。虽然你想马上结束谈话，但又担心得罪人，只好勉为其难地应付。随着你的心情变化，语气从恭恭敬敬的"是"，改成"嗯""哦"。渐渐地，对方会察觉你的态度不恭，因而对你感到不满。其实，对方根本不了解实情。因此，碰到这种情形时，不妨主动说明事实，以委婉的语气结束交谈。

由于电话交谈纯粹是语言沟通，应避免敷衍了事。此外，若是沉默时间太久，必然引起对方误解，以为你没有专心听讲。所以须趁对方说话告一段落时，插上一句"不错"或"是啊"，促使谈话顺利进行。

通电话时看不见面部表情，因此需特别注意声音，因为声音也能反映表情。倘若感到不耐烦，对方照样能从声音中感受到。电话交往时让对方感到受尊重是最为重要的。为此，我们必须学习电话礼貌，培养恭敬的态度。

当然，这需经长久的训练才能养成。我们常见有人一手握着电话听筒，一手按着计算机，或一面喝茶、抽烟，这些行为均须避免。虽然电话交谈彼此都看不见，但仍需保持基本的礼貌。

会说话的人都擅长掌控情绪

美国石油大王洛克菲勒擅长运用情绪战术达到自己的目的，他曾经在法庭上漂亮地击退了一名律师。

"洛克菲勒先生，你收到我寄给你的信了吗？"律师拿出一封信，以严肃的口气问道。

"收到了！"洛克菲勒回答。

"你回信了吗？"

洛克菲勒面带微笑，不疾不徐地回答："没有。"

其后，律师一封又一封地拿出了十几封信，一一询问洛克菲勒，而洛克菲勒也以相同的声音和表情，一一给予相同的回答。

法官偏过头来问洛克菲勒："你确定收到了吗？"

"是的，先生，我十分确定。"洛克菲勒镇静地回答法官的提问。

律师忍不住面红耳赤地怒吼道："你为什么不回信，你不认识我吗？"

"我当然认识你呀！"洛克菲勒依然面带微笑地回答。

这时候律师已经控制不住自己的情绪，暴跳如雷，不断咒骂，洛克菲勒却不动声色，好像对方所讲的事，跟他一点关系都没有。

最后，法官宣布洛克菲勒"胜诉"，律师因为情绪失控乱了章法，法官认为该律师已无法继续辩论下去。

这是一个充满竞争的年代，同时又是一个造就成功者的年代。在忙忙碌碌的人群中，涌动着一股股积极向上的热情；在熙熙攘攘的人流中，又流露出一副副不甘平庸的神情。每个人都想成为令人瞩目的成功人士。连锁店遍布全美的史宾杜说："每个人都拒绝平庸，都想成为杰出的人……普通人和成功人士的最大区别就是，所有的成功人士都是善于掌控自己情绪的人。"

的确，洛克菲勒就是成功地控制了自己的情绪，从而击败了对方律师。相比洛克菲勒的从容淡定，对方律师的暴跳如雷、混乱失控显得如此可笑。

心理学教授伟兹说，调控情绪有两大优点：一是观察别人的变化，找出破绽；二是免增烦恼，专心做自己的事。一个人如果没有调整情绪的习惯，就有可能失去行为的尺度。

凡成大事者，不是让情绪驾驭自己，而是自己驾驭情绪，成为情绪的主人，他们能够抑制冲动、避免争论、善听批评、开放胸怀、不让不满情绪外露。这些控制情绪的习惯，看起来不起眼，实则是说话沟通中不可或缺的。

在任何场合，我们都有可能遇到不顺心的事，甚至是受到羞辱。我们首先要做到的，就是保持克制，然后根据自己所处的环境，抓住有利时机进行反击。

要想维护自己的利益，仅仅愤怒是没用的，应该运用理性思维找出更好的应对招数或策略。当一个人对自己有了正确的、全面的了解时，他也能以一种理性的方式去思考别人和周围的事物。无论是环境的突变，还是事件的突发，他都能理智分析，泰然处之。

批评的话不要超过四句

1964 年，日本轻型电器业因受经济不景气的影响而动荡不安，于是松下电器公司决定召开全国销售会议。

由于会议中反映出不景气的状况，所以空气中充满了火药味。在 170 家销售公司中，只有二十几家经营良好，其余一百多家的经营都出现了极严重的亏损。会议的前三天时间里，销售公司的经理们都发泄着他们的不满，松下幸之助站在台上不断地反驳他们的意见，而他们也立即反击，大骂松下公司。就在会议即将结束、决裂的局面即将出现时，情况发生了转折性的变化。

第三天最后一次会见，松下幸之助走到台上，说："过去两天多的时间里，大家相互指责，该说的都说了，我想没有什么可说的了。不过，我有些感想，给大家讲讲。过去的一切都过去了，公司走到今天这个地步，所有责任我们要共同承担。松下电器有错，身为最高负责人的我在此诚心向大家致歉。今后我们会精心研究，让大家能稳定经营，同时考虑大家的意见，不断改进。最后，请原谅松下电器的不足之处。"说完，松下先生向大家鞠躬。

整个会场顿时静了下来，每个人都低着头，半数以上的人还拿出手帕擦泪。

"请董事长严加指导，我们缺点太多了，应该反省，也应该多加油去干！"

随着松下幸之助的低头，人人思潮翻涌，随后又相互勉励，发誓要奋起努力。

审慎的批评比那些生硬而愚蠢的批评更容易让人接受，也更容易产生积极的效果。

礼仪教授凯丝曾说："看一个人如何批评别人，就能知道他到底会不会说话。"的确，批评比任何一种语言都能显示出一个人的思想和内涵。一个懂得批评艺术的人，必定是一个道德高尚的人。

评价或批评，只能针对一个人的行为、行动和表现，而不能针对这个人，也就是平常所说的对事不对人。任何人都有获得别人尊重的需要，批评、责怪一个人本身，与批评、责怪一个人做出的行为与事件有很大的区别，给人留下的印象也有很大差别。

批评要善意，要尊重、理解、信任被批评者，对事不对人，以理服人。对事，也仅仅是对其缺点、错误，而不能抓住一点，不计其余，以致否定一个人的全部工作、全部努力。在批评他人之前，还要先明确就哪件事或事情的哪个方面进行批评，越具体明确越好。抽象笼统，"一竿子打死一船人"，对方往往难以明白你的意思。

路易斯教练接受杂志采访时，说了一段发人深省的话："每位选手都希望在球场上努力表现，而要求自己不失误。如果哪位选手虽已尽力却仍犯错，并且他能自我反省，我就不会再施加压力，不对他加以批评。"在这个时候采取一种正话反说的形式对他"赞扬"一番，可以缓和紧张气氛，促其反思。

　　正如松下幸之助一样，有的时候自我批评比针锋相对地辩论、指责的效果要好得多。

　　在批评他人之前先谈一谈自己以前做过的类似错事，一方面可以为对方提供例证，让对方从例证中认识到犯错的严重后果；另一方面也可以带给对方一定程度的认同感，拉近彼此的心理距离，营造心胸开阔、坦诚相见的良好批评氛围，从而使对方更容易接受。

　　作为长辈或上级，把自己曾经的过错暴露在晚辈或下属面前，目的不在于做检讨，而在于以自己的感悟教育对方。这种借己说人的方法，让我们看到融自我批评于批评中的魅力与力量。

　　通常的批评宜在小范围里进行，这样会创造亲近融洽的语言环境；需要在公众场合批评时，措辞也要审慎，不宜大兴问罪之师。

　　任何一个聊天高手都知道，批评的话最好不超过三四句。会做工作的人，在对别人进行批评教育时，总是三言两语见好就收，不忘给对方留一定的余地。

棘手情况，模糊表态

有些时候，简单直白的说话方式造成的后果不是伤人就是害己，然而默不作声又不免让人认为是愚蠢或毫无见解。倘若迫于情势，直接表态对自己不利，而又不得不有所表态的话，最好还是模糊表态。这样，就给自己以后的态度留下了回旋的余地。

有两位中级主管近来行动反常，双方感情恶化，公司经理便把他们两人找来，动之以情："你们两人就如同车子的两只轮子，只要有一方脱离，整个车子就无法动弹了。希望你们同心协力发挥力量，把工作做得更好。"

两位中级主管缺乏作为总经理助手"应该怎样做"的自觉意识，缺少公司是一盘棋的观念。于是经理便说道："部门的职能就像一位家庭主妇，主妇如能尽心尽力地把家弄好，这位户主在公司才能安下心来去闯事业。"

之后，这两位主管之间的关系出现了缓和。

案例中，经理没有判明谁是谁非，而是模糊表态，给出一个"各自分路而行"的解决方案，让两人都有了充分的理由掉转车头，找个台阶下。这样，两人的争执就"不明不白"地解决了。

所谓模糊表态，是指人们运用语言的模糊特征，表达思想、情感并进行交流的一种语言表达方式和表达技巧。这样的表达可以增强语言在交际中的适应性、灵活性和生动性，也有利于融洽关系的发展。

据说，有人问美国天文学家琼斯："地球有多大年龄，你能说清楚吗？"琼斯回答："这也不难。请你想象一下，有一座巍峨的高山，比如说高加索的厄尔布鲁士山吧，再设想有几只小麻雀，它们无忧无虑地跳来跳去，啄着这座山。那么这几只麻雀把山啄完大约需要多少时间，地球就存在了多少时间。"琼斯这种模糊的回答，不仅把一个容易引起争议的难题化解了，而且使人意识到地球存在的岁月异常悠久。

生活中，当我们遇到比较棘手的事情，例如面对他人的质疑或者追问时，模糊表态是一种很有效的策略。模糊表态能把对方千斤的力量化于无形，同时还能为自己争取到思考对策的宝贵时间。另外，模糊表态会给对方制造一种高深莫测的感觉，使其不会对自己的行为产生怀疑。

当然，运用模糊语言进行模糊表态时一定要适度。过之与不及都会影响表达的效果；要防止歧义和误解，模糊语言不是歧义语言，不容许既可这样理解也可那样理解，它有明确的范围；要力求简洁明快，切忌重复、绕弯子；运用时要灵活，不能不分背景、场合、对象地滥用，该模糊时模糊，不该模糊时不能模糊。

逆耳的话要先说

在与人交谈时，很多人都会认为两句话先说哪一句都无妨，可事实恰恰相反，改变说话的顺序，对别人的心理影响大不相同，这就是心理学上的冷热水效应。同样，在我们的生活中，你也会发现别人试图通过冷热水效应操纵你，这个时候，你该怎么办？

先用冷水降温，再用温水感化。你的感觉准确吗？不妨做一个实验：

准备三杯水，一杯冷水，一杯热水，还有一杯温水。先将手放在冷水中，再放到温水中，你会感到温水很热；但是如果你先将手放在热水中，再伸入温水中，就会感到温水很凉。

同一杯温水，温度并没有发生变化，怎么出现了两种不同的感觉呢？这种奇妙的现象就是冷热水效应。这种现象的出现，是因为人人心里都有一杆秤，只不过秤砣并不一致，也不固定。随着心理的变化，秤砣也在变化。当秤砣变小时，它所称出的物体重量就大；当秤砣变大时，它所称出的物体重量就小。人们对事物的感知，就是受这秤砣的影响。

鲁迅先生的老师曾经说过："若是有人提议在房子墙壁上开个窗口，势必会遭到世人的否决，窗口必定开不成。可若是提议把房顶直接掀掉，世人则会响应退让，赞成开个窗口。"这位老师的精辟阐述，谈的就是运用冷热水效应促使对方赞成。当提议"把房顶直接掀掉"时，对方心中的"秤砣"就变小了，对于"墙壁上开个窗口"这个挽劝方针，就会顺遂承诺了。冷热水效应可以用来挽劝他人，若是你想让对方接管"一盆温水"，为了不使他拒绝，不妨先让他试试"冷水"的滋味，再将"温水"端上，如此他就会欣然接管了。

埃德尔化妆品公司的经理，因工作上的需要，决定让家居市区的推销员小王去近郊的分公司工作。在找小王谈话时，经理说："公司研究决定，让你去担任新的主要工作。有两个处所，你任选一个。一个是在远郊的分公司，一个是在近郊的分公司。"小王虽然不愿离开已经十分熟悉的市区，但也只好在远郊和近郊这二者中选择一个稍好点的——近郊。而他的选择，恰恰与公司的安排不谋而合。而且，经理并没有多费唇舌，小王也认为自己选择了一项理想的工作岗位，双方满意，问题解决。

在这个事例中，"远郊"的呈现，缩小了小王心中的"秤砣"，从而使小王顺遂地接受去近郊工作。公司经理的这种做法，虽然给人一种"玩弄权谋"的感受，但若是从公司和小王的发展考虑，这种做法也是应该倡导的。

一次，在一架客机即将着陆时，机上乘客突然被通知，因为机场拥挤，无法降落，估量到达时刻要推迟1小时。马上，机舱里一片埋怨之声，乘客们在期待着这难熬的时刻过去。几分钟后，乘务员发布通知，再过30分钟，飞机就会平安下降，乘客们如释重负地松了口气。又过了5分钟，广播里说，此刻飞机就要下降了。虽然晚了十几分钟，乘客们却喜出望外，纷纷拍手相庆。

在这个事例中，机组人员无意中运用了冷热水效应，首先使乘客心中的"秤砣"变小，当飞机下降时，对晚点这个事实，乘客们不但不厌恶，反而异常兴奋。

生活中和这种情况相似的例子有很多，比如对于饭店服务员来说，客人会催问饭菜做好需要几分钟，如果服务员说的时间比实际情况长了，那么上菜时客人会感到喜出望外；相反，如果服务员说的时间比实际情况短，客人会感到失望甚至是发火。

人处世上，难免有事业滑坡的时候，难免有不小心伤害他人的时候，难免有需要对他人进行批评指责的时候，在这些时候，假若处理不当，就会降低自己在他人心目中的形象。如果巧妙运用冷热水效应去操纵对方心理，不但不会降低自己的形象，反而会获得他人一个好的评价。比如，当事业滑坡的时候，不妨预先把最糟糕的事态委婉地告诉别人，以后即使失败也可立于不败之地；当不小心伤害他人的时候，道歉不妨超过应有的限度，这样不但可以显示出你的诚意，而且会收到化干戈为玉帛的效果；当要说令人不快的话语时，不妨事先声明，这样就不会引起他人的反感，使他人体会到你的良苦用心。这些运用冷热水效应的举动，实质上就是通过一两处"伏笔"，使对方心中的"秤砣"变小，这样一来，它"称出的物体重量"也就大了。

道歉不是简单的"对不起"

托尔斯泰和屠格涅夫都是俄国的大文豪，两人还是好朋友。1861 年，屠格涅夫的《父与子》完稿，他邀请托尔斯泰到自己家，请托尔斯泰先看手稿并提意见。

午饭后，托尔斯泰因困倦，读着书稿渐入梦乡，屠格涅夫十分不悦。

有一次，屠格涅夫对其女儿的家庭教师大加称赞，因为她教导女儿为穷人缝补衣服，为慈善事业捐款，为穷人做好事。不料托尔斯泰很不以为然，甚至加以讽刺，顿时惹得屠格涅夫怒不可遏，大声咆哮："这么说，是我把女儿教坏啦？"托尔斯泰也不示弱，两人大吵一架，从此不再交往。应该说，这两位大文豪的断交，托尔斯泰是有过错的，他比屠格涅夫小 10 岁，却对屠格涅夫不甚尊重。可惜，托尔斯泰一直没有勇气认错，因此两人的关系一直没有修复。

过了 17 年，托尔斯泰终于主动写信向屠格涅夫道歉："伊凡·谢尔盖耶维奇！近日想起了我同您的关系，我又惊又喜。我对于您没有任何敌意。谢谢上帝，但愿您也这样，我知道您是善良的，我确信，您对我的敌对感情已经在我之前早就抛掉了。请您永远原谅我的一切，在您面前，我是有罪的。"

屠格涅夫立即回信道："收到您的信我深受感动，我对您没有敌对情绪，假如说过去有过，那么也早已消除，只剩下对于您的一片怀念。"

真诚的道歉，换来了真正的谅解，他们的矛盾很快消除，又恢复了往日的友谊。

生活中，我们也经常会遇到做错事需要向他人道歉的情况。礼仪课讲师安娜贝尔说："做错事情并不可怕，一个会道歉的人，会将自己的错误消灭得无影无踪。"的确，人非圣贤，孰能无过？犯了错误就该勇敢地道歉。

道歉，是集合了内心的诚挚和语言艺术的技巧。一个人如果能在恰当的时刻，真挚而诚恳地道歉，这个人会获得人们的敬佩和喜爱。正如哈佛口才社团团长珍尼佛所说："一个会做错事、会道歉的人远比一个不会做错事又不会道歉的人更有价值。"

道歉并非耻辱，而是真挚和诚恳的表现。因为每个人都会犯错，连伟人有时也要道歉。丘吉尔起初对杜鲁门的印象很坏，但后来他告诉杜鲁门自己以前低估了他——这是以赞誉的方式道歉。道歉的时候也不要总是为自己的过失寻找借口，以保住自己的面子。

道歉态度要诚恳，要真心实意地认错，不要归咎于客观原因，不要做过多的辩解。即使有非解释不可的客观原因，也必须在诚恳的道歉之后再略为解释，不宜一开口就辩解不休。

道歉并非示弱，而是显示你的真诚和勇气。当你犯了错并给别人造成困扰时，最重要的不是回避，而是勇于承认自己的错误，开口说声"抱歉",用真诚的歉意化解矛盾,解决问题。

道歉,不只是简简单单的"对不起"三个字,还包含你的真诚与歉意。勇于道歉的人,也是善于体谅别人、善于设身处地为他人着想的人。

诙谐言语，让拒绝变得愉悦

我们经常会面对爱人、亲人、好朋友等亲密之人的请求，比如借钱、帮忙做某事等。如果我们不愿意接受这些请求，却又不好意思说"不"；或者违心地答应下来，心里却十分别扭；或者假装答应却不做，失信于人，这些做法都难免会使自己陷入十分为难的境地。

我们应该尽可能地帮助与自己亲密的人，这是彼此之间情感的体现，也是我们必要义务的体现。但是，面对亲密之人的不当要求，我们一定要坚持自己的原则。特别是当他们的要求有违法律法规，有违社会公共道德或者有违家庭伦理时，我们一定要坚守自己的原则立场，毫不留情地予以拒绝。

拒绝亲密之人的不当要求确实有一定难度，想稳妥地拒绝，既能消除自己的尴尬，又不让对方无台阶可下，需要采取适当的方式。

在《帕尔斯警长》这部电视剧中，帕尔斯警长的妻子出于对帕尔斯前程和人身安全的考虑，企图说服帕尔斯中止调查一位大人物虐杀自己妻子的案子。最后她说："帕尔斯，请听我这个做妻子的一次吧。"他却回答说："是的，这话很有道理，尤其是我的妻子这样劝我，我更应该慎重考虑。可是你不要忘了，这个坏蛋亲手杀死了他的妻子！"

　　不好意思正面拒绝时，可以采取迂回的战术，转移话题也好，另有理由也罢，主要是善于利用语气的转折——绝不会答应，但也不致撕破脸。比如，先向对方表示同情，或给予赞美，然后再提出理由，加以拒绝。由于先前对方在心理上已因为你的同情而对你产生好感，所以对于你的拒绝也能以"可以谅解"的态度接受。

　　比如，当你的好朋友向你借钱时，你确实没有，可以这样委婉地拒绝他："如果有可能的话，我会倾力相助的，碰巧我手头不方便，真是爱莫能助了。你专门来拜访，而我却不能伸以援手，真是从心底感到难过呢！我希望你能够原谅我。"或者说："你我是要好的朋友，如果数目少一些的话，我当然乐意借给你。然而数目太大，我就爱莫能助了。请你原谅。"

自嘲是一种说话态度

如果你有灵动的思维，可以轻松地面对自己，你会发现自己可以原原本本地接受自己的身高、体重或其他身体特征；你也会发现幽默能帮你以新的眼光看待你对外物的忧虑。也许你无法得到真诚的爱，但是你能使自己的人际关系充满温暖和谐——与人分享欢乐，甚至和仅有一面之缘的人也会建立很好的关系。

自嘲是自己对自己幽默，是消除自己在沟通中胆怯的良方。

长篇小说《围城》重版，《谈艺录》与《管锥编》问世以后，钱锺书的名声日盛，求访者越来越多。钱锺书却不愿意接受访问。有一天，一位英国女人打电话给他，要求拜访，钱锺书在电话里说："如果你吃了一个鸡蛋感觉很好，又何必认识那只下蛋的母鸡呢？"

在这里钱锺书自比"母鸡"，虽然有意贬低自己，却是在说英国女人没有必要来拜访他。正如人们喜欢谈论一些关于别人的笑话一样，在适当的时候，也要拿自己开开玩笑，善于自嘲在很多时候并不是什么坏事。

美国著名的律师乔特是最善于讲关于自己的笑话的人。有一次，哥伦比亚大学的校长蒲特勒在请他做演讲时，极力称赞他，说他是"我们的第一国民"。

这实在是一个卖弄自己的绝好机会。乔特可以自傲地站起来，表现出一副得意扬扬的神情，仿佛要对听众说："你们看，第一国民要对你们演讲了。"

但是聪明的乔特并没有如此。他似乎对这种称赞充耳不闻，却转而调侃自己的"无知"。这种自嘲很快博得了听众的好感。

他说："你们的校长刚才偶然说了一个词，我有点听不太懂。他说什么'第一国民'，我想他一定是指莎士比亚戏剧里的什么国民。我想，你们的校长一定是个莎士比亚专家，研究莎士比亚很有心得，当时他一定是想到莎士比亚了。诸位都知道，在莎氏的许多戏剧中，'国民'不过是舞台的装饰品，如第一国民、第二国民、第三国民等。每个国民都很少说话，就是说那一点点话，也说得不太好。他们彼此都差不多，就是把各个国民的号数彼此调换，别人根本看不出有什么分别的。"

这实在是一种非常聪明的方法，乔特将自己与听众居于同等的地位，拉近自己与听众的距离。他不想停留在蒲特勒所抬举的那种高高在上的地位上。如果他换一种说法，用庄重一点的言辞，比如，"你们校长称我为第一国民，他的意思不过是说我是舞台上的一个无用的装饰品而已"，虽然表达的意思是一样的，但是绝对不能把那种礼节性的赞美变为一种轻松的笑话，也绝对不会取得那样的效果。

无论是在一帮很好的朋友中，还是在一大群听众中，能够想出一些关于自己的笑话，能够适当地自嘲，是赢得别人尊敬与理解的重要方法，远远要比开别人玩笑重要得多。拿自己开开玩笑，可以使我们对世事抱有一种积极向上的态度，为自己赢得不少的朋友。

相反，如果我们为显示自己是怎样的聪明，而拿别人开玩笑，以牺牲别人抬高自己，那我们一生一世也难以交到一个朋友，更不用说距离成功有多遥远了。

成功人士从不试图掩饰自己的弱点，相反，有时他们会拿自己的弱点开开玩笑。而现实生活中，我们却经常遇到一些专喜欢遮掩自己弱点的人，他们也许脸上有些缺陷，也许所受教育太少，他们总要想方设法来掩饰，不让别人知道。但这样做以后，他们却于无形中背弃了诚恳的态度，毫无疑问，与之交往的朋友会对他们形成一种不诚恳的印象，从而不敢再与他们交往。

世界上最不幸的就是那些既缺乏机智又不诚恳的人。很多人常常自以为很幽默，经常拿别人开玩笑，处处表现出小聪明，结果弄得与他交往的人不敢再信任他，以前的朋友也会敬而远之，纷纷躲避。

"跳出盒子思考"

1972 年 5 月，美苏关于限制战略武器的四个协定刚签署，基辛格就在莫斯科一家旅馆里向随行的美国记者团介绍这次会谈的情况了。当时已是 5 月 27 日凌晨一点，他竟毫无倦意。

"苏联生产导弹的速度每年大约 250 枚，"基辛格微笑着透露，"先生们，如果在这里把我当间谍抓起来，我们知道该怪谁啊。"

机敏的记者们于是接过话头，探问美国的秘密。

"我们的情况呢？我们有多少潜艇导弹在配置分导弹头？有多少'民兵'导弹在配置分导式多弹头？"一个记者问道。

基辛格耸耸肩："我不确切知道正在配置分导式多弹头的'民兵'导弹有多少，至于潜艇，我的苦处是，数目我是知道的，但我不知道是不是保密的。"

记者说："不是保密的。"

基辛格反问道："不是保密的吗？那你说是多少呢？"

记者傻了，只好"嘿嘿"一笑。

原美国国家安全事务特别助理基辛格先生十分善于突破思维定式回答棘手的问题。基辛格之所以能够营造出对自己有利的氛围并置那些难以对付的美国记者于尴尬无奈的境地，完全得益于他能跳出记者的提问进行思考。关于基辛格先生的活跃思维，还有这样一个广为流传的故事：

1972 年 5 月下旬，美苏高级会谈期间及其前后，基辛格在维也纳、莫斯科巧妙地戏弄了难以对付的美国记者。

当时，基辛格随尼克松总统前往莫斯科，途中经过维也纳。在那里，基辛格就即将开始的美苏首脑会谈问题，举行了一次记者招待会。他追溯了这次会谈的起因，剖析了两个国家的差异，并就会谈前景和可能达成的协议作了预测。

这时，《纽约时报》记者马克斯·弗兰克尔提出一个所谓的"程序性问题"：到时，你是打算点点滴滴地宣布呢，还是来个倾盆大雨，成批地发表声明呢？

基辛格回答说："我明白了，你看马克斯同他的报纸一样多么公正啊，他要我们在倾盆大雨和点点滴滴之间任选一个，所以无论我们怎么办，总是坏透了。"他略微停顿一下，一字一句地说，"我们打算点点滴滴地发表成批声明。"全场顿时哄堂大笑。

任何一个有成就的人，都是战胜常规思维的高手。

很多人抱怨思维受阻、灵感枯竭，拿不出好的创意，其实，思维没有界限，界限都是自己设的。经验和常识可以帮助我们缩短探索的过程，少走很多弯路，但有时候也会把人们带进"习惯"的盲区。

Chapter 12
第十二章

打破天花板，无障碍沟通

直接迎战，不如间接绕弯

一次，萧伯纳收到美国著名女舞蹈家邓肯的一封热情洋溢的信。信中说，如果他俩结合，养个孩子，那对后代将是好事，"孩子有你那样的头脑和我这样的身体，那将会多美妙啊"。

在回信中，萧伯纳表示受宠若惊，但他不能接受这样的好意，他说："那个孩子的运气可能不那么好，如果他有我这样的身体和你那样的头脑，那可就糟透了。"

与人交往时，难免会出现尴尬的情景。如果我们能灵活运用语言，就可以将尴尬化解，使整个气氛更为愉悦。心理学教师格罗佛就是一个公认的化解尴尬的好手，无论什么样的境遇，在他的处理下，都能变得轻松自如。甚至在面对别人攻击的时候，他都能神情自若，然后巧妙地回应，最终使处境尴尬的自己变得更加受人欢迎。就像案例中的萧伯纳，如果直接地回绝邓肯，既显得没有绅士风度，又会给人留下过于严肃的印象。

在一次学术交流会上，格罗佛被问到自己在应对尴尬时有什么妙招，他淡淡一笑，说道："其实，我的秘诀就是，直接迎战行不通，那么就转而用间接战略。"那么，格罗佛的间接战略到底是什么呢？

交流中最尴尬的局面莫过于双方无话可说，出现这种情况有时是因为一方对另一方说的内容根本不感兴趣，有时是因为一方说的意思和对方的理解有偏差，有时是因为说话双方缺乏在某些特殊情景下的沟通技巧，有时也会因为一方的话语触及另一方的"雷区"而造成别人的不愉快，导致交谈无法继续。因此，在出现冷场或者尴尬的时候，要沉着，寻找双方的共同话题，不能一味地等着对方来化解这种尴尬的场面。

可及时拿自己开涮，必要时可以先"幽自己一默"，即自嘲，开自己的玩笑。也可以发挥想象力，把两个不同事物或想法联系起来，以产生意想不到的效果。化解冷场局面时，表现得要自然，不着痕迹、轻松地转移话题，使对方不觉得你是刻意的，否则会加剧冷场和尴尬。但是不宜讲太多的冷笑话，否则场面将有可能更"冷"。如果是交谈时被干扰而不便继续交谈，可以耐心等待，不必打破这种正常的沉默。当双方因为不是很了解而造成冷场时，就要学会察言观色，以话试探。

对于一些敏感性问题，提问者一般不直接就问题的本质提出怀疑，而是从其他貌似平常的事物着手，旁敲侧击地进行诱导性询问。这时，我们可以故意装作不懂对方的真正用意，而站在非常"表面的、肤浅的"层次上"曲解"其问话，并使对方意识到你的有意误解实际上是在委婉地表达抗议和回避，从而使其识趣地放弃自己的追问。

尴尬是生活中遇到处境窘困、不易处理的场面而产生的张口结舌、面红耳赤的一种紧张心理状态。

如果能使人发笑，渐渐地，人们也会将刚才的尴尬场面忘掉，气氛会慢慢恢复正常。相信你一定遇到过那样的场面，你或你周围的人突然一不留神，在众目睽睽之下滑倒⋯⋯

一次，里根总统在白宫钢琴演奏会上讲话时，夫人南希不小心连人带椅跌落在台下，观众发出惊叫，但是南希灵活地爬起来，在众多宾客的热烈掌声中回到自己的座位上。正在讲话的里根看到夫人并没有受伤，便插入一句俏皮话："亲爱的，我告诉过你，只有在我没有获得掌声的时候，你才可以这样表演。"

说服，多数是用心实现的

1858 年，林肯在竞选美国参议院议员的时候，在伊利诺伊州南部进行演说，那里的人非常野蛮，他们出入公共场所都携带利刃与手枪。当时正值美国奴隶制被废除之前，当地人和一些从肯塔基和密苏里两地渡河而来的蓄养黑奴的奴隶主发誓，如果林肯在当地演讲，他们会把这个主张黑奴解放的人驱逐出场，并将他置于死地。

林肯却自信可以把他们说服。他说："南伊利诺伊州的同乡们，肯塔基的同乡们，听说在场的有些人要和我作对，我实在不明白为什么有人要这样做，因为我也是和你们一样爽直的平民，那我为什么不能和你们一样有发表意见的权力呢？

"好朋友，我并不是来干涉你们的，我也是你们中的一个，我生于肯塔基州，长于伊利诺伊州，和你们一样是从艰苦的环境中挣扎出来的，我认识南伊利诺伊州的人和肯塔基州的人，也想认识密苏里的人，因为我是他们中的一个……"

林肯并没有说那些生硬的话，而是把自己放在与听众相同的立场上，用自己的心与他们的心沟通，找出与他们的共同点最终说服他们。

亚里士多德说："愚者用他理说吾，智者用吾理说吾。"这句话可以理解为，愚钝的人只知道用生硬的道理说自己的话，而聪明的人会用自己的道理来表明自己的立场，就是用自己的心去感化对方，与对方进行心灵的交流。

要说服一个人，可以先把对方抬高，尤其是对那些地位显赫、有权有势的人，想要说服他们，更要学会先抬高后说服的策略。包汀火车厂的董事长撒慕尔·华克莱说："假如你尊重一个人，这个人是容易被诱导的，尤其是尊重他是因为他有某种能力时。"想要说服某一个人，就要对他的某种能力大加赞赏。

每个人都有一些自认为值得终生纪念的事，对于这件事情要慎重提出，并进行正反两方面的阐述，使其认同自己是他们的知己。他们也许会很兴奋地讲起这件事，我们应该一面听，一面说几句表示赞赏的话，即使他是个冷漠的人，此时也会变得和蔼可亲。

我们可以利用这个机会，进行试探说服。不过在进行正式说服之前，要看时机是否成熟。说服过程中要不卑不亢，如果显出哀求的神情，反而会引发对方的藐视心理。尽管十分想说服对方，但说话时还是要表现得大方自然，不要只为自己打算，而是要说出为对方着想的理由来。

同步心理就是跟他人同步调、同节奏，也就是"追随潮流"。正是由于同步心理的存在，才会有人不顾自身财力和精力，也不管是否真心愿意而盲目地做出与他人相同的举动。通常人们在受到这类刺激后很容易变得没主见，掉入盲目附和的陷阱。所以，推销员或店员经常会搬出"大家都在用"或"某某名人也用"等推销话语，引诱人们购买。

当我们想改变一个人做事的方法、将新方法推荐给对方时，对方一定会抱有怀疑的态度。为了使他更顺畅地接受我们的思想，就要引导他客观地、实事求是地了解他的情况，以便指出他的弱点。当发现对方弱点的时候，我们就可以用这个弱点说服他接受我们的观点。

心理透视，摸清对方思路

心理是生物对客观物质的主观反应，而心理学则是研究人心理现象发生、发展和活动规律的一门科学。因此，借心理透视了解对方的所思所想，从而取得更好交流效果的方法是科学的和可取的。

所谓心理透视，目的就是在谈话之前了解对方的心理，知道他们所关心、关注的事情，进而取得突破口，在交谈时获得主动权。

在与别人交流之前，如果你没有提早分析谈话对象，摸清他们的心理状态，那么，你们之间的谈话很有可能会失败。

迪尔刚被升为经理，老板就让他组建一支可以承接一项特别任务的团队：企业需要大力提升一些老产品的销量，增加当年的经济收入。在这之前，企业的收入主要还是来自这些老产品。

接到任务之后，迪尔毫不犹豫，立刻从各个部门征选了十几名员工，召集他们举行一次紧急会议。大家到齐之后，迪尔开始发言，他告诉大家自己刚刚接到任务，希望每个人都能抽出时间加班加点。为了避免不必要的误解，他还对大家说："这项任务可能需要大家在随后的几个月里投入更多的时间，但是企业不会支付任何加班费用。这项任务是光荣的，相信大家对此都不会有异议吧！"迪尔以为所有人都会支持自己，虽然他并没有直接跟这些人共事过，但他觉得大家同在一家公司相处多年，对这一任务的重要性应该都很清楚。

可大家的反应完全出乎他的预料：他们不仅没有表现出任何热情，反而大发牢骚。其中一个人冲着迪尔叫嚣："你不是当经理了吗？这是你们领导层的事情，跟我们有什么关系啊？加班？我没时间，下班后我要回家陪我女儿做功课！"说完直接摔门而去。其他人也对这项任务缺乏兴趣，最后会议不欢而散。

问题到底出在哪儿呢？其根本原因在于迪尔不了解这群人的工作状态，而且事先没有弄清大家所关心的事情，所以他传达的信息只会引起大家的反感，谈话自然只能归于失败。事实也是如此，他刚一说完话，就有人点出其中的问题：加班得不到任何补偿，这样做对自己没有任何好处，所以大家完全没有必要为这件事情多花时间和精力。

即使我们平时跟同事比较熟了，一旦被提拔为团队的领导者，还是需要重新开始。在下达任何指令之前，一定要退后一步、运用心理透视法，分析对方的情况，了解他们最在乎的事情是什么，怎样才能把他们争取到同一条战线上。问问自己，你怎样才能帮助他们。虽然他们在为你工作，但你一定要让他们感觉你交代他们做的事情对他们自己大有好处。

透过对方心理去暗示

生活中，正面的劝告往往容易使人产生逆反心理，劝说不成，适得其反。这时不妨改变一下策略，另辟蹊径，换个方法暗示他，从侧面打开缺口，或许能事半功倍。

暗示时可以以人与人的感情为媒介，以人对新事物的兴趣、注意力或列举有关事例为突破口，对其进行"攻心术"。

荷兰物理学家彼得·塞曼大学一年级时十分贪玩，物理成绩也不好，被人称为浪荡公子。他的母亲为此很伤心。她劝告自己的儿子时，没有单纯地说教，而是先讲述有关他家乡的往事：他的家乡位于西海岸的一个半岛上，自古以来常被大海淹没。1865 年 5 月 24 日午夜，家乡又遭到海浪的侵袭，一个孕妇在孤舟上漂流了很长时间，产下了一个男孩儿——彼得·塞曼。幸亏乡民救助，母子二人才得以平安无事。接着，母亲不无悲哀地说："早知塞曼是个平庸的人，我当初就不必在海浪中拼搏了。"塞曼听完母亲的话，羞愧万分。从此他改掉坏习性，努力学习，最终荣获了诺贝尔物理学奖。

人们总喜欢以最大的热情去表现自己的思想，所以要使别人乐意采纳你的意见，最佳的方法便是，让他自信这是他自己的创作，而不是受人"指使"。

默多克是从一份小报奋斗到拥有 25 家报纸和 15 种杂志的著名

出版大家。默多克与绘画大师琼斯原本不太熟悉，有一次为了完成一个重要的计划，他请琼斯为他画一张彩色的插画，可是琼斯画的那张画让他非常失望。

默多克想，一定要引导琼斯重画一张满意的才行。可是怎样才能使绘画家重画一张令自己满意的杰作呢？

晚餐的时候，默多克对琼斯的绘画技术大大赞颂了一番，接着便说："城里的电车已经导致许多孩子伤亡了。有时我看着这些电车，觉得那开车的人简直像个死人。在我看来，那些死人好像都斜睨着在街上玩耍的孩子，不假思索地直冲过去。"

琼斯这时惊跳起来，大声嚷着："天啊，默多克先生，这完全可以画一张震慑人心的好作品。你把我先前画的那张作废了吧，我再替你重画一张。"于是琼斯劲头十足地在旅馆里连夜赶画了一张令人满意的杰作，一张使电车公司屈服的图画。

默多克巧妙地引导琼斯自动放弃了第一张画稿，还不辞辛劳地连夜将默多克心中的想法画出来。设想一下，如果默多克不是用"巧妙暗示法"将自己的思想移植到琼斯心中，而是直言指出琼斯的画令他不满意并要求琼斯按照他的设想重画一张，那么琼斯多半会愤怒地将他的作品扯碎然后拂袖离去。

反复暗示，无声的说服让对方印象深刻

在交际过程中，如果你对某一点反复强化、暗示、刺激，对方便会以此为基础，加深对"这一点"的印象。

这种"反复暗示"的心理学原理在广告宣传中最常用到，例如现在电视台和楼宇电视上投放的广告都是重复的，有时一天内你能听到很多次。这些广告也许是你讨厌的，但它们却进入了你的潜意识，一旦你真的购买这类商品时，它们会即时跳出来，成为你的参考。再例如，如果你经常听到"带有足球标志的书店""车站旁边的餐厅"等，那么久而久之，你会不知不觉地对它们产生一种亲切感。

有一个拥有歌唱家梦想的年轻人去拜访一位作曲家，作曲家将他拒之门外。但是年轻人依然每天来作曲家门前"亮相"，如此坚持了几个月，最后作曲家终于接待了他。这看起来似乎与说服无关，但是它符合"通过重复加深印象"的道理。年轻人通过将自己例外化，告诉作曲家："我与其他人不同！"由此打破作曲家的先入之见。

这种通过重复来加深印象的交流之所以奏效，是因为它在给对方心理上带来一种"暗示作用"的同时，也"强迫"对方建立一种对你有利的"新观念"。

　　美国语言学家说，同一个音节或文法结构的重复会给人带来强烈的感化力。例如，林肯最有名的语言是"来自人民的为人民的人民政府"，如果只是为了更简洁地表达意思，只说"人民的政府"就可以了，但是，林肯三次重复使用"人民"这个词，它给人们带来了深刻的感化力。的确，人们听到林肯的讲话，似乎更加强化了人民政府已经诞生的这种意识。

　　这种"反复重复一点的效果"在恋爱镜头中也常常看到。例如，认为自己算不上美人的女性多次被男友说"你的眼睛真美"等赞美的话之后，便开始觉得自己很漂亮，于是更加倾心于这位男友。这种强化实际就是前面所说的给对方植入并加深"新的观念"。

　　"反复暗示"有两种不同的操作模式：一是重复相同的语句；二是换汤不换药，用不同的方式表达相同的观念。已故美国大政治家柏修安说："如果你自己还没有明了那个问题，你绝对无法令人家来明了那个问题。反之，你对那个问题越是认识清楚，你把那个问题传达到人家心里也越是容易。"第二句话，就是第一句话的重述。我们所讲的"反复暗示"也是一种重述性的"部分刺激"。当你说第二句的时候，对方还没有工夫细细地辨别一下它究竟是不是在重复，反而觉得这样一解释，你所"暗示"的问题显得更加清楚了。

　　可见，要让对方对你印象深刻，想让对方对你有客观的认识，你完全可以遵循这一原则：给他反复的暗示。

同情心倾听，同情心回应

管理学专家认为，高效经理人的管理秘诀之一，就是先倾听别人的意见。这一方面体现了对别人的尊重。作为下属，如果他的上司能够专心倾听他说话，他会感到幸福；作为合作伙伴，如果对方给他首先说话的机会，他会马上对其产生好感。另一方面，只有听了别人的意见，才能够知道他心里想的是什么，知道他心里想的是什么，才能做出相应的反应，进而做出最有利于企业的决策。

当然，无论在商业活动，还是在生活中，倾听都非常重要，如果我们不愿意倾听别人的话，往往会让人非常不快，让人觉得你不尊重他，彼此就会产生矛盾。

布朗先生不久前在一家商店买了一件外套，穿了几天后，发现这件衣服掉色，甚至把他的衬衣领子都染成了蓝色。他拿着这件衣服来到商店，找到当时卖给他衣服的售货员，想说说事情的原委，可让他愤怒的是，这位售货员根本不听他的陈述，只顾为自己寻找借口。

"这样的衣服我们已经卖了上千套，"售货员生气地说，"可从来没有出过问题，您是第一位，您究竟想要干什么？"她明显在说：你在撒谎，你想诬赖我们。

就在他们争执不休的时候，另一个售货员也走了过来，说："所有深色礼服开始穿的时候多多少少都有掉色的问题，这一点办法都没有，特别是这种价钱的衣服。"

"当时，我气得差点跳起来，"布朗先生后来回忆这件事的时候说，"第一个售货员怀疑我的诚实，第二个售货员说我买的是便宜货，这真是我见过的最差的售货员！最让人吐血的是她们根本不愿意听我说，动不动就打断我的话。我可不是去无理取闹的，只是想了解一下怎么回事，她们却以为我是上门找碴儿的。我准备对她们说，你们把这件衣服收下，随便扔到什么地方，让它和你们的商店见鬼去吧。"这时，商店的负责人芮恩女士过来了。

芮恩女士一句话也没说，只是听布朗先生把话讲完，了解了衣服的问题和他当时的态度。然后，她真诚地对布朗先生道了歉，说这样的衣服有些特性售货员没有及时告诉顾客，请求他把这件衣服再穿一个星期，如果还掉色，她负责退货。当然，她还给布朗先生换了一件新外套。

两位售货员和她们的商店负责人芮恩女士的做法形成了强烈的反差。这其中最大的差别就是她们是否通过倾听来表达对客户的尊重。当然结果已经证实了倾听的力量。

艾萨克·马科森大概是世界上采访著名人物最多的人之一。他说，许多人没能给别人留下好印象，是由于他们不了解别人的意见，只是自顾自地发表自己的见解。"他们如此津津乐道地讲着，完全不听别人对他们讲些什么。许多知名人士对我讲，他们重视能听别人意见的人，而不重视只管说的人。然而，看来人们听的能力弱于说的能力。"

因此，做一个善于倾听的人，你就能在无声中掌控你的倾听对象。

倾听最重要的是集中精力，把心思放到你正在交谈的对象身上，这样做不仅可以让你接收到更多的信息，还会大大拉近交谈双方的关系。